SV

Hans-Ulrich Treichel

Heimatkunde
oder
Alles ist heiter
und edel

Besichtigungen

Suhrkamp Verlag

Erste Auflage 1996

Druck: Wagner GmbH, Nördlingen
Printed in Germany

Heimatkunde
oder
Alles ist heiter
und edel

Die Hausgeburt

Das Zentrum des Hauses war die Küche, in der ich im Beisein des Hundes, einer schwarzen Labradorhündin, und einer Tante in der Rolle der Geburtshelferin an einem Augustnachmittag geboren wurde. Der Vater hatte auf einer Hausgeburt bestanden, da er das Geschäft nicht schließen und auch keine umständlichen Krankenhausbesuche machen wollte. Den Berichten der Eltern und der Tante zufolge verlief die Geburt komplikationslos, wenn auch nicht ohne Störungen. An den Geburtsvorgang selbst kann ich mich nicht erinnern, wohl aber an beständig sich wiederholende Klingelgeräusche, an Tabakrauch und an zwei dunkle Hundeaugen. Letztere waren das erste, was ich von der Welt sah, so daß ich im Verlauf meiner Kindheit instinktiv dem Hund ein Zugehörigkeitsgefühl entgegenbrachte, während ich meiner Mutter gegenüber instinktiv mißtrauisch war. Dieses Mißtrauen wurde möglicherweise auch durch die Störungen verstärkt, die meine Geburt begleitet haben und die im wesentlichen von den Kunden ausgingen, die das Geschäft des Vaters aufsuchten. Das Geschäft war noch im Aufbau und wurde provisorisch geführt. Wohl war es dem Vater gelungen, sich trotz seiner Armprothese selbständig zu machen und ein Haus in der Mitte des Ortes zu erwerben, doch war ihm dies nur unter der Bedingung möglich gewesen, daß er den Bewohnern des Hauses, zu denen auch die Hausbesitzerin gehörte, ein lebenslanges Wohnrecht einräumte. Der Vater hatte das Haus vor allem aus zwei Gründen erworben: erstens befand sich im Erdgeschoß ein großer Ladenraum mit zwei Schaufenstern, in welchem er seinen eigenen Laden eröffnen konnte, und zweitens hatte das Haus nicht nur anliegende Stallungen, einen Taubenschlag und einen Gemüsegarten, was den Vater an sein bäuerliches Vorkriegsleben erinnerte, sondern auch ein geräumiges erstes Stockwerk, das Platz für die gesamte Familie bieten sollte. Allerdings war der erste Stock von der ehemaligen Hausbesitzerin belegt, und in dem Ladenraum führte ein altes Ehepaar ein Hut- und Schirmgeschäft; außerdem bewohnte das Ehepaar zwei weitere Räume im Erdgeschoß, die der Vater als Lager- und Büroraum nutzen wollte. Vorerst mußten sich die Eltern auf den Küchenraum und einen Schlafraum beschränken, in dem sowohl das Ehebett der Eltern als auch mein eigenes Bett standen. Der Küchenraum war zudem durch einen Vorhang geteilt und auf diese Weise um einen Ladenraum ergänzt worden. Die Kundschaft kam durch die mit einer Ladenklingel versehene Hoftür, so daß sich mir vom Tag meiner Geburt an die Namen von Tabak- und Schnapssorten, von Zeitungen und Zeitschriften einprägten. Zumal der Vater trotz seiner Geschäftstüchtigkeit weder in normalen Zeiten noch während meiner Geburtsstunden auf die Mutter verzichten konnte und diese auch dann noch mit geschäftlichen Dingen behelligte, als sie gerade dabei war, meinen Kopf aus dem Leib und in die Wohnküche zu pressen. Wußte der Vater das eine Mal nicht, wo eine bestimmte Zigarettenmarke zu finden war, so wußte er ein anderes Mal nicht, ob er eine gewisse Zeitschrift, nach der gerade verlangt worden war, überhaupt im Sortiment hatte. Und jedesmal, wenn ein Problem auftauchte, und in gewisser Weise tauchte mit jedem Kunden ein Problem auf, steckte der Vater den Kopf durch den Vorhang und behelligte die von Wehen und Geburtsschmerzen geplagte Mutter mit seinen Fragen. Irgendwann wurde es der Geburtshelferin zuviel, und sie forderte meinen Vater auf, nicht weiter zu stören, so daß dieser sich in den Ladenraum zurückzog und eine Zigarre ansteckte. Kurz darauf betrat ein besonders wichtiger Kunde den Ladenraum, der sich nach einer Kiste Brasilzigarren erkundigte, die der Vater allerdings nicht finden konnte, so daß er erneut den Kopf durch den Vorhang steckte. Dies geschah in eben dem Moment, als ich schon vollständig den Körper meiner Mutter verlassen hatte und von der Geburtshelferin kopfunter und an den Füßen gehalten wurde, damit Schleim und Flüssigkeit aus Lungen und Atemwegen abfließen konnten. Die erneute Störung erregte die Geburtshelferin so sehr, daß sie einen Streit mit dem Vater begann und mich hierbei mit dem Kopf bis auf den Fußboden sinken ließ, wo ich zum erstenmal die Augen öffnete und den Hund erblickte, der unter der Küchenbank lag und mich mit großen Augen ansah. Und noch ehe sich die Geburtshelferin von meinem Vater wieder abwandte und mich in die Höhe zog, war ich schon auf den Hundeblick geprägt und fest davon überzeugt, daß ich meinem Ursprung in die Augen geblickt hatte. Allerdings wurde meine Fixierung auf den Hund nicht durch eine Fixierung des Hundes auf mich erwidert, der Hund war vielmehr auf den Vater fixiert, welcher sich wiederum für den Hund nicht sonderlich interessierte, ihn vielmehr als Störung des Geschäftslebens betrachtete. Aufgrund der räumlichen Enge waren weder ein normales Geschäftsleben noch ein normales Familienleben möglich, denn alles spielte sich entweder vor oder hinter dem Vorhang ab. Wohl hatte der Vater die Regel aufgestellt, daß vor dem Vorhang das Geschäftsleben und dahinter das Familienleben stattfinden sollte, in Wahrheit aber fand sowohl vor wie auch hinter dem Vorhang nur das Geschäftsleben statt, was sich für mich unter anderem so auswirkte, daß der Laufstall, in dem ich einen großen Teil meiner Kindheit zubrachte, als Lager- und Stapelfläche für nichtverkaufte

Zeitungen und Zeitschriften diente, die der Vater jeden Morgen ausmusterte und die erst am Nachmittag von einem Fahrer abgeholt wurden. Im Laufstall kommt nichts weg, sagte der Vater, was auch die Mutter einsehen mußte, und mit der Zeit ging der Vater dazu über, nicht nur die Zeitungen und Zeitschriften, sondern auch Kontoauszüge, Rechnungen und alles, was nicht wegkommen durfte, im Laufstall aufzubewahren. Am meisten interessierten mich von alldem die illustrierten Zeitschriften, und noch ehe ich dem Säuglingsalter entwachsen war, hatte ich mich schon zu einem perfekten Zeitschriftendurchblätterer entwickelt, was den Vater einerseits ärgerte, da er um die Zeitschriften fürchtete, die ja unbeschädigt remittiert werden mußten, ihn aber andererseits auch mit Stolz erfüllte, da er mein Zeitschriftendurchblättern mit intellektueller Frühreife verwechselte. Das Zeitungsdurchblättern zählt neben den Hundeaugen zu meinen frühesten Kindheitserinnerungen. Und in gewisser Weise zählt auch das dazu, was ich in den Zeitschriften zu Gesicht bekam, Filmstars, Monarchen, Sportler und Politiker. Zumal viele von ihnen immer wieder in den Zeitschriften auftauchten und mir mit der Zeit die Gesichtszüge einer Filmdiva, eines Scheichs oder Präsidenten vertrauter waren als die Gesichtszüge der leiblichen Eltern, die ich meist nur von Ferne und weit oben sah, während ich mir die Menschen aus den Zeitschriften dicht vor die Augen halten konnte. In gewisser Weise fühlte ich mich durch die Filmstars, Monarchen, Sportler und Politiker aus den Zeitschriften adoptiert, denn sie hatten augenscheinlich mehr Zeit für mich als die Eltern, die beständig mit der Kundschaft und dem Hin- und Herräumen von Waren beschäftigt waren. Allerdings hatten die Menschen aus den Zeitschriften die Eigenart, daß ich sie wohl sehr nahe an mich heranholen konnte, sie mich aber niemals zu sich heranholten, so daß diese Nähe eine sehr einseitige Nähe war, was mich mit der Zeit derart verstimmte, daß ich begann, die illustrierten Zeitschriften mit Wutgeschrei zu zerreißen, sobald ich auch nur eines dieser mir seit meinen ersten Tagen bekannten Gesichter darin entdeckte. Ich hätte mich von einem perfekten Zeitschriftendurchblätterer zu einem perfekten Zeitschriftenzerreißer entwickelt, wäre mein Vater nicht mit ebensolchem Wutgeschrei dazwischengefahren. Da ich trotz der wütenden Reaktion des Vaters nicht davon abließ, meine eingebildeten Adoptiveltern aus den Zeitschriften immer neuen Zerreißproben auszusetzen, ging der Vater eines Tages dazu über, nicht mehr Zeitschriften und Zeitungen im Laufstall zu lagern, sondern leere Schachteln und Kartons sowohl im Laufstall als auch um den Laufstall herum aufzustapeln. Sobald im Laden irgendeine Schachtel oder irgendein Karton leer geworden war, kam der Vater hinter dem Vorhang hervor und gab mir mit der Bemerkung »Zum Spielen« eine der leeren Schachteln oder einen der Kartons. Natürlich konnten die leeren Schachteln oder Kartons mein dringendes Bedürfnis nach körperlicher Nähe eines menschlichen Wesens nicht lindern, so daß ich trotzig mein Zerstörungswerk fortsetzte. Sobald ein Karton im Laufstall landete, nahm ich ihn mir vor und zerlegte ihn. Entgegen meinen Erwartungen reagierte der Vater auf mein Zerstörungswerk nicht mit einem erneuten Wutanfall, sondern sammelte jeden Abend mit gleichmütiger Miene sämtliche Papier- und Pappfetzen ein. Ich entwickelte mich mit der Zeit zu einem so perfekten Karton- und Schachtelzerleger, daß der Vater gelegentlich Freunde und Bekannte aus dem Ladenraum in den Küchenraum führte, um diesen zu präsentieren, wie ich Schachteln und Kartons zerlegte. Da auch die Freunde und Bekannten des Vaters eher milde und gelegentlich sogar wohlwollend auf meine Zerstörungsarbeit reagierten, steigerte ich meine Tätigkeit, so gut ich konnte, und zerriß Tag für Tag Unmengen von Schachteln und Kartons. Das tat ich so lange, bis ich begriff, daß mir der Vater die Kartons und Schachteln nur deshalb überließ, weil sie ohnehin zerlegt werden sollten. Die Tatsache, daß der Vater mich als billige Arbeitskraft mißbrauchte, kränkte mich so sehr, daß ich beschloß, niemals mehr auch nur einen einzigen Karton oder eine einzige Schachtel zu zerlegen. Mein Entschluß war insofern folgenschwer, als sich das Geschäft des Vaters mehr und mehr entwickelte und insofern auch das Aufkommen an leeren Schachteln und Kartons beständig zunahm und der Vater nicht einsehen konnte, daß ich, der ich einmal ein so zuverlässiger Karton- und Schachtelzerleger war, diese Arbeit nun nicht mehr tun wollte. Der Vater haderte mit mir, und ich haderte mit dem Vater, und dies so lange, bis der Vater die Idee hatte, mich für meine Arbeit zu bezahlen. Er wolle mir, sagte der Vater, für jeden zerlegten Karton und für jede zerlegte Schachtel eine gewisse Summe zahlen, und je mehr Schachteln und Kartons ich zerlegte, um so größer würde die Summe sein, die ich verdiente. Da ich mittlerweile dem Laufstall entwachsen war und den Wert des Geldes schätzenlernte, ließ ich mich auf das Geschäft ein und verbrachte meine freie Zeit wieder mit dem Zerlegen von Schachteln und Kartons, und dies so lange, bis ich merkte, daß der Vater die Summe pro Karton und Schachtel so gering veranschlagt hatte, daß damit kein wirkliches Geld zu verdienen war. Ich hätte täglich Hunderte, wenn nicht Tausende, von Schachteln und Kartons zerkleinern müssen, um auf ein lohnendes Taschengeld zu kommen. Obwohl das Geschäft aus der Wohnküche inzwischen in die freigewordenen Räume des Hutladens verlegt worden war, reichte die Menge des Altpapiers nicht aus, mir ein akzeptables Einkommen zu verschaffen, so daß ich mit dem Vater weitere Arbeiten wie Lagerhaltung, Aufräum- und Reinigungsarbeiten vereinbarte, die mir am Ende aber auch nicht annähernd soviel Geld einbrachten, wie ich erhofft hatte. Trotz der schlechten Entlohnung hielt mich ein gewisses Verlangen an der Arbeit für den Vater fest. Ganz offensichtlich wurde die frühe Prägung auf den Hund und Zeitungen und illustrierte Zeitschriften durch eine frühe Prägung auf den Vater ergänzt. Durch meine Arbeit für den Vater versuchte ich, den Vater an mich heranzuarbeiten, was mir aber nicht gelang, denn der Vater hielt immer den Abstand zu mir, den er schon während meiner Laufstallzeit zu mir gehalten hatte und der einen Abstand von ungefähr einem Meter niemals unterschritt. Soviel ich auch räumte und fegte, ordnete und zerlegte, der Vater verringerte den Abstand zu mir nicht, was zur Folge hatte, daß ich nicht nur räumte und fegte, ordnete und zerlegte, sondern auch einen Sammeltrieb entwickelte, der mich in Atem hielt. Ich sammelte Zigarettenschachteln, Tabaksdosen, Briefumschläge, und wenn mich die Intervention der Mutter nicht davon abgehalten hätte, dann hätte ich auch Zigarettenkippen und Zigarrenstummel gesammelt, natürlich auch die, die der Vater Tag für Tag zurückließ. Das Sammeln von Tabaksdosen und Zigarettenschachteln wurde von den Eltern in gewisser Weise unterstützt, da sie es als Geschäftsinteresse deuteten. Erst als sie mich dabei ertappten, wie ich den Inhalt von Tabaksdosen und Zigarettenschachteln in den Müll entleerte, um die Verpackungen meiner Sammlung zuzuführen, gab ich, der ich nun als Dieb dastand, meine Sammelleidenschaft auf. Ich wurde ein eigenbrötlerisches Kind, sprach nur noch wenig mit den Eltern, weigerte mich auch, irgendwelche Hilfen im Haushalt oder im Geschäft zu leisten, und ging statt dessen so oft wie möglich mit dem Hund in die Natur. Die Natur war der Stadtpark, in dem ein Bismarckdenkmal stand und durch den ein Bach floß. Hier gab ich mich sowohl der Sehnsucht nach der Natur hin wie auch der Zwangshandlung, mich bei jeder Parkbank, an der ich vorbeikam, laut zu räuspern. Ich hatte einen Räusperzwang entwickelt, dem ich nur entkommen konnte, wenn ich quer über die Wiesen ging. Wenn ich jedoch quer über die Wiesen ging, überkam mich ein Schuldgefühl, weil es verboten war, quer über die Wiesen zu gehen. Mir blieb nichts anderes übrig, als meine Zerlegungs- und Zerkleinerungsarbeit wiederaufzunehmen. Die Büsche und Sträucher des Stadtparks wurden für mich zu Kartons, die zerlegt und zerkleinert werden mußten. So spazierte ich durch den Stadtpark und ließ eine Spur von zerlegten und zerkleinerten Büschen und Sträuchern hinter mir zurück. Das ging so lange gut, bis mich ein städtischer Gärtner dabei überraschte, wie ich einen besonders wohlgeratenen Riesenrhabarber, auch Elefantenrhabarber genannt, zerlegte. Obwohl sich meine Eltern bereit erklärt hatten, für den Verlust der exotischen Pflanze aufzukommen, nachdem ich mich bereit erklären mußte, diesen wiederum abzuarbeiten, erhielt ich Stadtparkverbot, was für mich dem Verbot gleichkam, überhaupt in der Welt zu sein. Die Labradorhündin, die mich auf meinen Wegen in den Stadtpark begleitet hatte, brauchte sich an dieses Verbot nicht zu halten und ging nun allein in den Park, mit dem Ergebnis, daß sie eines Tages trächtig war. Die Geburt der Welpen war eine Hausgeburt und fand in jenem Raum statt, in dem auch ich geboren wurde. Die Hündin brachte vier Welpen zur Welt, die ich allesamt als meine heimlichen Geschwister betrachtete und die vom Vater schon bald fortgegeben wurden, ohne daß ich auch nur die Gelegenheit gehabt hätte, dagegen zu protestieren. Als Reaktion darauf entwickelte ich ein tragisches Lebensgefühl, mit welchem ich den Vater bis zur Weißglut reizte. »Noch so ein Blick«, sagte er dann, »und es setzt eine.« Dieses tragische Lebensgefühl wurde verstärkt, als mich der Vater mit einem Bauchladen ausstattete, mit dem ich am Wochenende auf den Schützenfesten der Umgebung meine Schulden abarbeiten mußte. Der rotlackierte metallene Bauchladen hatte verschiedene Fächer und war mit der Aufschrift »Handelsgold« und einem breiten Lederriemen versehen. Während der Vater im Festzelt einen Zigarettenstand betreute, ging ich mit dem Bauchladen über das Gelände und schämte mich. Eines Tages war die Scham so groß, daß ich das Gelände verließ, den Bauchladen hinter einer Scheune versteckte und mich für ein paar Stunden in der Gegend herumtrieb. Als ich zurückkehrte, war der Bauchladen zwar noch da, die Waren aber fehlten, was den Vater zu dem wütenden Ausruf »Du bist nicht mehr mein Sohn« veranlaßte. Daß ich nun nicht mehr der Sohn meines Vaters war, gab meinem tragischen Lebensgefühl einen tieferen Sinn, aber es deprimierte mich auch. Daß ich den Vater nun nicht mehr zur jährlichen Hengstparade in die Nachbarstadt begleiten durfte, wo er ebenfalls einen Zigarrenstand betreute, kompensierte ich durch heimliche Besuche im ausgebombten Hallenbad, wo ich meine alte Arbeit des Zerlegens und Zerreißens wiederaufnahm. Freilich ließ sich das Hallenbad nicht wie ein Pappkarton zerlegen, aber es gelang mir immerhin, einen Großteil der Kacheln von den leeren Beckenwänden loszuschlagen und die Kabinentüren aus den Angeln zu heben und in das leere Becken zu befördern. Allerdings hatte diese Arbeit weder Schaden angerichtet noch einen Nutzen für mich gehabt, denn das Bad stand kurz vor dem Abriß. Als ich es eines Tages aufsuchte, um meine größte Arbeit, die Demontage und den Beckensturz des Drei-Meter-Turms, in Angriff zu nehmen, mußte ich mit ansehen, wie städtische Arbeiter mit einer Abrißbirne die Seitenwände und damit das ganze Gebäude zum Einsturz brachten. Damit war nicht nur mein liebster Rückzugsort, sondern auch die letzte Kriegsruine meiner Heimatstadt dem Erdboden gleichgemacht worden. Es war das Ende meiner Kindheit und der Beginn einer anderen Zeit.

Was der Vater sagte

Die Prothese! sagte der Vater und hielt mir mit der Linken die Prothese entgegen, so daß ich sie ihm auf den rechten Armstumpf schieben und festschnallen konnte. Das Hemd! sagte der Vater, ich reichte ihm das Hemd, streifte es über den gesunden und über den künstlichen Arm und knöpfte es zu. Die Gummiringe! sagte der Vater, und ich brachte ihm die breiten und mit einem Metallverschluß versehenen Gummiringe und streifte sie über den linken Arm und die Prothese, so daß seine Hemdsärmel und Manschetten nicht über die Hände rutschten. Während ich dem Vater die Gummiringe über die Hemdsärmel streifte, roch ich den nikotinhaltigen Atem, sah den Schweißfilm auf seinem kahlen Schädel und hörte das dumpfe Geräusch, das der Gummiring auf der Prothese machte, wenn ich ihn oberhalb des Ellenbogens zurückschnellen ließ. Je wütender ich auf den Vater war, um so stärker ließ ich den Gummiring auf die Prothese schnellen. Der Vater hörte das laute Geräusch nicht, der Vater dachte an seine Geschäfte, er sagte niemals danke, nachdem ich ihm die Gummiringe über die Ärmel gestreift hatte, und ich sagte niemals bitte, nachdem ich den Gummiring auf seine Prothese schnellen ließ. Die Schuhe! sagte der Vater, und ich schnürte die festen schwarzen und halbhohen Lederschuhe zu, denn er trug nur Schnürschuhe, die entweder die Mutter oder ich zubinden mußte. Um ihm die Schuhe zuzubinden, mußte ich mich hinknien. Ich kniete vor dem Vater und band die Schuhe zu. Der Vater trug ein Korsett. Doch für das Korsett war die Mutter zuständig. Nur wenn die Mutter abwesend war, mußte ich dem Vater in sein Korsett helfen. War die Mutter anwesend, dann durfte nur die Mutter und keinesfalls ich dem Vater in das Korsett helfen. Das Korsett hielt seinen Bauch, es schnürte den Vater zusammen, es streckte den Rücken und gab dem Vater einen aufrechten Gang. Das Korsett war aus hautfarbenem Material, das hart wie eine Panzerhaut war und fleckig vom Schweiß. Ich legte es um den Bauch des Vaters, einen weißen weichen Fleischberg, der ihm lästig war und dessen er sich schämte, und verhakte das Korsett auf dem Rücken. Haken für Haken hakte ich ein, der Vater schnaufte, er stand gebeugt vor mir, und ich sah unter dem Rand des Korsetts seine weißen Hinterbacken hervorstehen. Ich hakte und hakte, und während ich weiterhakte, richtete sich der Vater langsam auf. Mit jedem Haken, den ich verhakte, wurde der Vater ein wenig größer und aufrechter, und am Ende war aus dem gebeugten, übergewichtigen Mann ein stattlicher und aufrecht gehender Mann geworden, der nur noch seine Prothese anschnallen, den dunklen Anzug und die hohen schwarzen Lederschuhe anziehen mußte, um ein Herr, ein Mann von Format, ein Geschäftsmann zu sein. Mein Vater, der Geschäftsmann, hatte ein Telefon, auf dem eine Haltevorrichtung aus grünem Gummi befestigt war, so daß er den Telefonhörer mit der Schulter festklemmen konnte. Er telefonierte mit hochgezogener Schulter und machte sich dabei Notizen. Er notierte Aufträge und gab Bestellungen auf oder rauchte, während er mit hochgezogener Schulter und schiefgelegtem Kopf telefonierte.

Wer lange raucht, lebt lange, sagte der Vater und zündete sich eine filterlose Zigarette an. Ich solle bloß nicht auf den Gedanken kommen, mit dem Rauchen anzufangen. Wenn er mich mit einer brennenden Zigarette erwischen würde, dann würde es die letzte brennende Zigarette sein, die ich jemals in die Hand genommen hätte. Das verspreche er mir.

Er selbst würde auch nicht rauchen, ein Tabakwarenhändler aber könne es sich nicht leisten, nicht zu rauchen, und wenn ihn jemand auf die gesundheitsschädlichen Folgen des Rauchens anspreche, dann sage er immer »Wer lange raucht, lebt lange«, was ja auch stimme, sein Vater beispielsweise, mein Großvater also, sei über neunzig geworden und habe sein Leben lang geraucht. Er habe aber auch sein Leben lang gearbeitet. Immer an der frischen Luft, ohne einen Tag Urlaub, keinen Sonntag und keinen Feiertag habe der gekannt, die Kühe im Stall, die Hühner im Hof und das Korn auf dem Feld kennten ja auch keinen Sonntag und keinen Feiertag. Wer arbeitet, der soll auch rauchen, sagte der Vater. Mir aber verbiete er das Rauchen, solange ich nicht volljährig sei, dann könne ich rauchen, soviel ich wolle, er aber dulde in seinem Haus einen Minderjährigen mit Zigarette nicht. Denn aus einem Minderjährigen mit der Zigarette in der Hand würde sehr schnell ein Minderjähriger mit der Schnapsflasche in der Hand, und von dort sei der Weg nicht mehr weit bis zu irgendwelchen Gaunereien, das fange mit dem Stehlen von Fahrrädern an und höre mit Mord und Totschlag auf, ob ich denn im Zuchthaus enden, der Familie eine Schande sein und sein Lebenswerk mit Füßen treten wolle. Wer rauchen will, der soll auch arbeiten, und wer wie der Großvater rauchen will, der soll wie der Großvater arbeiten. Der Großvater habe immer einen Lederbeutel mit selbstangebautem Tabak in seiner Brusttasche gehabt und sich seine Zigaretten selbst gedreht. Der Großvater habe gearbeitet und geraucht, und manchmal habe er auch gegessen, aber er habe vor allem gearbeitet und geraucht, und das Essen war dem Großvater viel weniger wichtig als das Arbeiten und Rauchen, denn der Großvater war ein gottesgläubiger und gottesfürchtiger Mensch, und der Tabak war für ihn eine Frucht von Gottes

Acker. Und in gewisser Weise sei auch für ihn selbst, sagte der Vater, der Tabak eine Frucht von Gottes Acker, die nur derjenige ernten dürfe, der sie auch säe, ich aber solle mich hüten, mich an Gottes Acker zu vergreifen.

Der Vater trug ein langes Baumwollunterhemd über seinem Korsett. Das Hemd bedeckte seine Oberschenkel, die faltig waren und voller hellbrauner Flecken. Über dem Baumwollhemd trug er eine lange Unterhose, die er weit über den Bauch zog. Über der Unterwäsche trug er ein gestärktes und vor Steifheit knirschendes Leinenhemd und über dem Hemd eine Weste, die aus dem gleichen Stoff gemacht war wie der Anzug. Der Vater trug ausschließlich dunkle Anzüge aus schwerem Stoff mit schwarzen und eigens für ihn angebrachten übergroßen Knöpfen. Zum Anzug trug er Hut und Mantel. Der Mantel! rief der Vater, und die Mutter oder ich reichten ihm den Mantel. Den Hut reichte ihm niemand, den Hut hatte er schon auf dem Kopf, wenn er nach dem Mantel rief. Der Hut war, wie alle Hüte, mit einem ledernen Schweißband ausgekleidet, es roch nach dem Vater. Der Vater roch nach dem ledernen Schweißband des Hutes. Das Band hatte eine goldene Aufschrift. Mit der Zeit verblaßten die goldenen Buchstaben, das Gold vermischte sich mit dem Schweiß, das Leder verfärbte sich, und das Buchstabengold wurde schwarz. Wenn das Leder brüchig wurde und sich die Buchstaben gänzlich in schwarze Flecken aufgelöst hatten, kaufte der Vater einen neuen Hut. Der Vater hatte viele Anzüge, aber nur einen einzigen Hut. Ich nahm den Hut von der Garderobe. Ich roch den Vater und las die goldenen Buchstaben. Mit dem Fingernagel zerkratzte ich die Buchstaben und hängte den Hut an die Garderobe. Der Vater trug Strümpfe, die bis unters Knie reichten. Wenn er zu Bett ging, entkleidete die

Mutter den Vater. Sie hängte die schweißfeuchten Strümpfe des Vaters über die Stuhllehne und stellte den Stuhl vor die Schlafzimmertür.

Der Vater hatte kurzgeschorenes Haar und eine Halbglatze. Er ging wöchentlich zum Friseur, das Haar mußte geschnitten sein, nur geschnittenes Haar sei anständiges Haar. Er habe zwei Weltkriege miterlebt, sagte der Vater, und drei Existenzen verloren und wiederaufgebaut, aber er habe immer geschnittenes Haar gehabt, und hätte er kein geschnittenes Haar gehabt, dann hätte er nicht nur zwei Kriege und drei Existenzen verloren, sondern auch den Respekt vor sich selbst. Der Respekt vor sich selbst sei das ein und alles gewesen. Und niemand, und schon gar nicht sein eigen Fleisch und Blut, werde ihm den Respekt vor sich selbst nehmen. Wenn er aber mich anschaue, schrie der Vater mit dunkelrotem Kopf, dann verliere er den Respekt vor sich selbst. Als ich dem Vater antwortete, daß ich, wenn ich schon wieder zum Friseur gehen müßte, ebenfalls den Respekt vor mir selbst verlöre, denn ich wolle weder wie ein russischer Häftling noch wie ein deutscher Lagerkommandant herumlaufen, griff sich der Vater erst an die Brust, und zwar dorthin, wo das Herz sitzt, und dann an die Wand, wo die Hundeleine hing. Ich flüchtete und ging zum Friseur, der im Nachbarhaus sein Geschäft hatte. Der Friseur war ein dünner und sensenhaft gebogener Mensch mit einem seitlich flachgepreßten Schädel. Seine Hauptwerkzeuge waren das Messer und ein mechanischer Handschneideapparat. Seine Spezialität waren ausrasierte Nacken und freigelegte Hinterköpfe. In kürzester Zeit rasierte er mir den Nacken aus, schabte den Hinterkopf glatt, fuhr mit dem mechanischen Handschneidegerät um den Schädel herum und entließ mich als russischen Häftling beziehungsweise deutschen Lagerkommandanten. Der Vater kontrollierte den Schnitt und war einverstanden. Er sagte »Gut« und gab mir ein Markstück. Zum Sparen, sagte der Vater.

Der Vater fuhr in Begleitung seines Fahrers die Zigarettenautomaten an, die er im ganzen Landkreis aufgehängt hatte. Während der Fahrer die Automaten füllte, zählte der Vater das Geld. Ich fuhr mit dem Fahrrad und einem Karton voll Zigaretten auf dem Gepäckträger die verschiedenen Automaten an, die der Vater in unserem Wohnort und in der näheren Umgebung aufgehängt hatte. Die Zigarettenautomaten hingen in Gaststätten und vor Lebensmittelgeschäften. Lieber als die Gaststätten fuhr ich die Lebensmittelgeschäfte an, hier konnte ich meist ungestört den Automaten füllen und das Geld zählen, während ich in den Gaststätten sofort von Gästen umringt war, die mich um sogenannte Probezigaretten angingen oder Geld erstattet haben wollten. Der Vater hatte es mir strengstens untersagt, den Gästen Geld zu erstatten oder ihnen Zigaretten zu schenken. Ich durfte einzig den Ladenbesitzern oder Gastwirten Geld erstatten, welches diese dann wiederum den Kunden erstatteten. Probezigaretten aber waren etwas, was überhaupt nicht existierte, sagte der Vater. Er habe in seinem ganzen Leben noch keine einzige Probezigarette erhalten. Und er habe auch in seinem ganzen Leben noch nie jemanden um eine Probezigarette gebeten. Er hätte es als unter seiner Würde erachtet, irgend jemanden um eine Probezigarette zu bitten, und er halte es für noch würdeloser, wenn angetrunkene Erwachsene einen halbwüchsigen Jungen wie mich um Probezigaretten angingen. Selbst die Zigarettenindustrie würde ihm niemals auch nur eine einzige Probezigarette geben. Die Zigarettenindustrie würde ihm keinen einzigen Pfennig schenken, und wenn er die

Zigarettenindustrie, der er im Jahr Tausende von Zigarettenstangen abkaufe, auch nur um eine einzige Probezigarette bitte, dann würde er sich vor der gesamten Zigarettenindustrie lächerlich machen. Und das sei etwas, das er nicht nötig habe, sagte der Vater. Er habe zwei Weltkriege mitgemacht und drei Existenzen aufgebaut, er habe es ganz und gar nicht nötig, Probezigaretten zu erbetteln und sich zu demütigen. Er habe sein Leben lang immer nur gearbeitet, und er habe noch niemals um irgend etwas gebettelt, lieber verhungere er, als irgend etwas zu erbetteln, und lieber solle auch ich, sagte der Vater, verhungern, als irgend etwas zu erbetteln. Als ich dem Vater sagte, daß ich noch nie irgend etwas erbettelt hätte, sondern daß mich immer wieder die Gäste in den Gaststätten um Probezigaretten anbettelten, während ich den Automaten füllte, sagte der Vater, daß seine Kinder es nicht nötig hätten zu betteln und daß ich, der ich weder zwei Kriege noch sonst irgend etwas in meinem Leben mitgemacht hätte, es schon gar nicht nötig habe, irgend etwas zu erbetteln, und ebensowenig wie ich es nötig hätte zu betteln, ebensowenig hätte ich es nötig, mich anbetteln zu lassen. Am liebsten hätte ich dem Vater gesagt, daß ich es sehr wohl nötig hätte, mich anbetteln zu lassen, denn ich würde nur deshalb angebettelt, weil ich die Zigarettenautomaten auffüllte, und wenn ich keine Zigarettenautomaten auffüllen müßte, dann würde ich auch nicht angebettelt. Ich sagte dem Vater nichts, tat meine Arbeit und fürchtete die Reklamationen der Lokalgäste, die sich, sobald ich auftauchte, um mich scharten und meine Arbeit mit ihren Kommentaren bedachten. Und immer fand sich einer, der ein durchgefallenes oder hängengebliebenes oder verklemmtes Markstück reklamierte. Ein durchgefallenes Markstück war grundsätzlich nicht zu reklamieren, das wußte ich vom Vater, der immer sagte, daß für ihn ein durchgefallenes Markstück ein gar nicht erst eingeworfenes Markstück sei. Hätte er alle sogenannten durchgefallenen Markstücke gegen wirkliche Markstücke ausgetauscht, dann wäre er längst ruiniert. Nichts wäre den Gästen in den Lokalen lieber, als sich sogenannte durchgefallene Markstücke durch wirklich existierende Markstücke ersetzen zu lassen. Und keiner der Gaststättenbesucher dächte auch nur einen Moment daran, daß es sich hierbei um Betrug und nicht etwa um eine sportliche Übung handle. Natürlich könne er, sagte der Vater, den Gaststättenbesuchern niemals beweisen, daß ihre durchgefallenen Markstücke gar nicht durchgefallen seien. Dann müßte er penibel über den jeweiligen Warenbestand im Automaten Buch führen und bei jeder Reklamation dem betrügerischen Kunden eine umständliche Rechnung unterbreiten, und wahrscheinlich würde der betrügerische Kunde auch dann noch auf seinem durchgefallenen Markstück bestehen. Ein durchgefallenes Markstück, sagte der Vater, ist ein nicht existierendes Markstück. Wenn ein Markstück durchfalle, dann falle es in das Geldrückgabefach. Er habe aber noch nie ein Markstück im Geldrückgabefach vorgefunden. Solange er mit Zigarettenautomaten zu tun habe, habe er noch niemals auch nur die Spur eines Markstücks im Geldrückgabefach gefunden. Denn falls, was ziemlich unwahrscheinlich sei, ein Kunde sein in das Rückgabefach durchgefallenes Markstück einmal nicht aus dem Rückgabefach entfernen sollte, dann würde es ein anderer Kunde tun. Schließlich wisse er aus eigener Beobachtung, daß es genügend Kunden gebe, die selbst dann, wenn sie vom Zigarettenautomaten korrekt bedient worden seien, sich nicht vom Zigarettenautomaten entfernten, ohne einen Griff in das Rückgabefach zu tun. Der Kunde sei eben nicht nur ein Feind des Händlers, den er ständig zu übervorteilen suche, sondern auch ein

Feind des Kunden. Der Kunde sei ein eigennütziger und betrügerischer Mensch, der sich nicht zu schade sei, wegen eines einzigen Markstückes zum Betrüger zu werden. Darum würde er auch jede Reklamation eines Kunden mit äußerstem Vorbehalt entgegennehmen. Ein durchgefallenes Markstück sei ein niemals in seinen Besitz gelangtes Markstück. Also könne er auch dafür keinerlei Haftung übernehmen. Anders sei es, wenn es sich um ein hängengebliebenes oder verklemmtes Markstück handle. Ein hängengebliebenes oder verklemmtes Markstück sei eindeutig zu identifizieren, und ebenso eindeutig sei auch der Besitzer eines solchen Markstücks zu identifizieren. Der Besitzer sei logischerweise immer der letzte Kunde, denn ein hängengebliebenes oder verklemmtes Markstück blockiere den gesamten Apparat. Er habe allerdings auch schon erlebt, daß sich bei ihm mehrere Kunden als letzte Kunden vorgestellt hätten, so daß er entschieden habe, keinem ein Markstück zurückzuerstatten, denn es sei immer noch besser, einem einzigen der Kunden ein Unrecht zu tun, als alle anderen in ihren betrügerischen Machenschaften zu unterstützen. Eine Mark sei zwar nur eine Mark, aber jede einzelne Mark ergebe am Ende doch ein Vermögen, und er, der schon zwei Existenzen aufgebaut und wieder verloren habe, lasse sich nicht noch eine dritte Existenz zerstören. Weder von seinen Kunden noch von seinen Kindern, sagte der Vater.

Nachdem der Prothesenvertreter dem Vater die Funktionsweise der neuen Prothese erklärt hatte, zog die Mutter dem Vater das Hemd aus und nahm ihm die alte Prothese ab, so daß der Prothesenvertreter dem Vater die neue Prothese anschnallen konnte, um zu prüfen, ob er physiologisch überhaupt in der Lage sei, die Nervenimpulse in seinem

Armstumpf so zu kontrollieren, daß er die mechanischen Finger in Bewegung setzen könne. Nachdem der Prothesenvertreter die Prothese angepaßt hatte, bewegte sich das eiserne Gestänge nicht, und auch die fünf Stahlfinger mit den künstlichen Gelenken blieben reglos. Der Prothesenvertreter riet meinem Vater, sich nur auf die Nervenimpulse seines Armstumpfes zu konzentrieren, dann müsse es irgendwann klappen. Doch es geschah noch immer nichts, und der Vater sah stumm und angestrengt auf die stählerne Hand, die vor ihm auf dem Küchentisch lag. Nachdem einige Minuten vergangen waren, öffneten und schlossen sich plötzlich die Stahlfinger mit so lautem und gefährlichem Klirren, daß der Vater vor sich selbst erschrak.

Man müsse nicht der Erste sein, sagte der Vater, aber immer unter den Ersten. Ich solle mir an meinem Vetter Fritz ein Beispiel nehmen, der nie der Erste war, immer aber unter den Ersten, der ebenso wie ich nichts als ein dummer Junge gewesen sei, nun aber auf der Abendschule das Abitur nachgeholt habe und fleißig Englisch lerne. Der Vetter Fritz, sagte der Vater, könne das englische Alphabet vorwärts und rückwärts. Vorwärts, sagte der Vater, und rückwärts.

Helden des Rauchens

Ich hatte den Vater bis zum Tag seines ersten Herzinfarktes, der ihn drei Tage vor seinem zweiten Herzinfarkt ereilt hatte, nie ohne eine seiner filterlosen Zigaretten gesehen. Die filterlose Zigarette war gleichsam ein Körperteil des Vaters, welcher die praktische Eigenschaft hatte, daß er immer wieder erneuert werden konnte, nachdem er sich verbraucht hatte. Der Vater lebte vom Rauch seiner filterlosen Zigaretten, wie andere Leute von der Atemluft leben. Der Vater rauchte die Zigaretten nicht, er atmete sie, und als Raucher nahm ich ihn erst wahr, wenn er das Atmen von Zigaretten unterbrach, um sich eine Zigarre anzuzünden. Nach dem Frühstück, dem Mittagessen, dem Nachmittagskaffee und dem Abendessen zündete er sich eine Zigarre an. Der Vater rauchte mindestens vier Zigarren am Tag, gelegentlich konnte man ihn aber auch dabei überraschen, wie er sich, während eine soeben erst angezündete filterlose Zigarette auf dem Aschenbecher verglimmte, gedankenverloren eine Zigarre zusätzlich anzündete. Der Vater rauchte sechzig bis achtzig filterlose Zigaretten und mindestens vier Zigarren am Tag. Wenn der Vater gefragt wurde, ob er Raucher sei, antwortete er, daß er Zigarren rauche. Vorzugsweise nach dem Essen. Der Vater sagte immer, daß man nichts dagegen haben könne, nach dem Essen eine gute Zigarre zu rauchen. Eine gute Zigarre nach dem Essen, sagte der Vater, dagegen sei nichts zu sagen. Das Rauchen, sagte der Vater, sei eine Reklame für einen Tabakwarenhändler. Ein nichtrauchender Tabakwarenhändler, das sei wie ein vegetarischer Fleischer. Wohl rauche er gern, aber er rauche auch aus geschäftlichen Gründen. Und je mehr das Geschäft prosperierte, um so mehr rauchte der Vater, und um so mehr Zigaretten stapelten sich in meinem Elternhaus. Mein Elternhaus war ein einziges Zigarettenlager. Die Zigaretten lagerten in der Küche, auf dem Flur, sogar im Schlafzimmer der Eltern stapelten sich die Kartons mit den Zigaretten. Denn der Vater kaufte die Zigaretten immer in großen Mengen, und je größer die gekauften Mengen waren, um so billiger waren sie für ihn. Wenn die Zigaretten, was sehr oft vorkam, aufgrund einer Tabaksteuererhöhung teurer zu werden drohten, dann kaufte der Vater noch mehr Zigaretten ein, als er ohnehin schon eingekauft hatte. Und nur dem Umstand, daß er ein guter Geschäftsmann war, war es zu verdanken, daß er die Ware wieder verkaufte und wir nicht ganz und gar in Zigaretten erstickten. Die Kunden des Vaters waren zumeist ebenso fanatisch wie er selbst, und einige von ihnen rauchten auch dann noch, als sie schon längst nicht mehr hätten rauchen dürfen. Die Kunden des Vaters suchten hustend, keuchend und humpelnd den Laden auf und rauchten sogleich im Laden ihre nächste Zigarette. Ich muß gestehen, daß ich eine gewisse Bewunderung für sie empfand. Besonders diejenigen beeindruckten mich, die schon einige Krankenhausaufenthalte hinter sich hatten und denen das Rauchen strengstens untersagt worden war. Sie bewunderte ich am meisten. Da ich mich auch als Kind schon im Laden des Vaters aufhalten durfte, allerdings nur, wenn ich mich nützlich machte, hatte ich auch als Kind schon meine Helden des Rauchens studieren dürfen. Während ich Kartons zerkleinerte, Papierkörbe leerte, Tabaksdosen stapelte, hörte ich den Gesprächen zu, die sie mit dem Vater führten. Diese Gespräche wurden immer rauchend geführt und drehten sich zumeist um nichts anderes als um das Rauchen und um die Gesundheit. Die meisten der Stammkunden des Vaters waren starke Raucher und chronisch krank. Ihre chronischen Erkrankungen waren in der Regel durch das Rauchen hervorgerufene Krankheiten, wobei Erkrankungen der Atemwege und Gefäßkrankheiten zu den häufigsten Leiden gehörten. Die Gefäßkranken erkannte ich daran, daß sie am Stock gingen oder sich nur in langsamen, von Gehpausen unterbrochenen Schritten auf den Laden zubewegten. Die Atemwegskranken waren an ihren Husten- oder Atemgeräuschen zu erkennen. Einer der größten Helden des Rauchens war ein Franzose, der als Lehrer an einer Privatschule tätig war und zu den ersten Ausländern in unserem Ort gehörte. Der Franzose hatte blauschwarzes, glänzendes Haar und einen französischen Schnurrbart. Er war ein Weltmann, der erste Weltmann meines Lebens, der weite wehende Anzüge trug und französische Zigaretten mit Maispapier rauchte, die der Vater eigens bestellen mußte. Die französischen Zigaretten waren die stärksten Zigaretten, die der Vater jemals über den Ladentisch gereicht hatte. Die würden sogar einen Russen umhauen, sagte der Vater. Der elegante Franzose gehörte zu den wenigen Kunden des Vaters, die sowohl an Gefäßerkrankungen wie auch an Atemwegserkrankungen litten. Obwohl er ein Mann in den besten Jahren war, hatte er einen schleppenden Gang. Wenn er die Straße herunterkam und auf unser Geschäft zusteuerte, dann tat er dies schrittweise und stockend. Mir aber kam es immer so vor, als ginge er gelassen und wie jemand, der Herr seiner Zeit ist; als ginge er nicht über die Hauptstraße einer ostwestfälischen Kleinstadt, sondern über einen Pariser Boulevard. Keine Schaufensterauslage war dem Franzosen zu gering, um nicht einen Moment davor zu verweilen. Er betrachtete die Töpfe in einem Haushaltswarenladen ebenso interessiert wie die Konfirmationsanzüge in einem Bekleidungsgeschäft. Er liebte, so schien es, die Dinge um ihrer selbst willen. Selbst vor dem Schaukasten des Christlichen Vereins Junger Männer machte er halt, um sich die Wochenlosung und Veranstaltungshinweise anzuschauen. Einzig die Hustenanfälle, von denen er während seiner Gehpausen heimgesucht wurde, trübten das Bild eines Müßiggängers. Wobei die Hustenanfälle ihn gelegentlich so heftig überfielen, daß sein blauschwarzes Haar geschüttelt und der weitgeschnittene Anzug wie von einer Sturmbö durchfahren wurde. War der Anfall vorüber, ordnete der Franzose mit elegant gestreckter Hand das Haar und setzte seinen Weg fort. Wenn der Franzose den Laden betrat, hatte der Vater schon die Maispapierzigaretten auf den Tresen gelegt, so daß der Kunde sogleich eines der Päckchen aufreißen und sich eine Zigarette anstecken konnte. Dann setzte er sich rauchend auf den Kundenstuhl, massierte seine Unterschenkel und sah dem Vater beim Bedienen der Kundschaft zu.

Im Unterschied zu dem Franzosen war Herr Tessnow beinamputiert und ging an Krücken. Da die Amputation keine Kriegsverletzung, sondern eine Folge übermäßigen Rauchens war, hatten die Ärzte Herrn Tessnow das Rauchen strikt untersagt. Wie die meisten Kunden meines Vaters hielt er sich nicht an ärztliche Verbote und rauchte unverdrossen weiter. Jetzt, da das Bein ab ist, sagte Herr Tessnow, könne es ihm auch nicht mehr schaden. Erst nachdem Herrn Tessnow auch das zweite Bein amputiert wurde, ließ er den Vater wissen, daß er das Rauchen von nun an einstellen und sich statt dessen auf das Kauen von Kautabak verlegen werde. Da ihm der Weg in den Ort mit dem Rollstuhl zu beschwerlich war, mußte ich von nun an Herrn Tessnow den Kautabak ins Haus bringen. Herr Tessnow wohnte am Ortsrand, so daß ich die Gelegenheit zu einer längeren Abwesenheit nutzen konnte. Herr Tessnow lebte allein in einer ziemlich verwahrlosten Wohnung, und auch er selbst befand sich in nicht sehr ordentlichem Zustand. Er empfing mich im Rollstuhl, mit einer Schlafanzugjacke bekleidet, zu der er eine Trainingshose trug, deren Beine bis unterhalb der Beinstümpfe aufgerollt und mit Sicherheitsnadeln festgesteckt waren. Da ich einer der wenigen Menschen war, die der Mann noch zu Gesicht bekam, seit er nicht mehr aus dem Haus gehen konnte, nutzte er die Gelegenheit, mir Episoden aus seiner Lebensgeschichte zu erzählen, die, kurzgefaßt, aus der Vorkriegszeit, der Kriegszeit und der Nachkriegszeit stammten. In der Vorkriegszeit war Herr Tessnow Mitglied des Fußballvereins Arminia Bielefeld gewesen, in der Kriegszeit war er Soldat und in der Nachkriegszeit Inhaber einer Lotto-Toto-Annahmestelle. Die schönste Zeit, sagte Herr Tessnow, war die Kriegszeit, und immer, wenn ich ihn besuchte, nannte er mich »Kamerad von der Westfront«. Herr Tessnow betrachtete sich offensichtlich als Kriegsverletzten, und ich wurde für ihn zum Sanitäter und Lazaretthelfer. Herr Tessnow lag blutend im Schützengraben an der Ostfront, und ich, sein Kamerad von der Westfront, schlug mich durch die Linien, um ihm die erlösende Medizin zu bringen. Je länger ich Herrn Tessnow mit Kautabak belieferte, um so stärker wurde seine Sehnsucht nach dem Rauchen, bis er mir eines Tages eine größere Bestellung von Zigaretten mit auf den Weg gab. Von nun an lieferte ich ihm wieder Zigaretten, und das Rauchen besserte seine Stimmung zusehends. Statt seiner fleckigen Schlafanzugjacke trug er ein kariertes Oberhemd, und die aufgerollten Hosenbeine des Trainingsanzugs ließ er nun vom Rollstuhl bis auf den Boden fallen. Diese Rauchphase wurde jedoch schon bald durch einen Krankenhausaufenthalt Herrn Tessnows beendet. Er hatte das Krankenhaus wegen starker Schmerzen in seinem rechten Oberschenkelstumpf und eines von Durchblutungsstörungen hervorgerufenen Wundbrandes aufsuchen müssen, was ohne Zweifel eine Folge des erneuten Rauchens war. Noch während des Krankenhausaufenthaltes ließ er meinem Vater eine erneute Zigarettenbestellung zukommen, die ich aber nicht mehr ausliefern konnte, da er kurz darauf starb.

Herr und Frau Blaschke waren nicht nur Helden des Rauchens, sondern auch Helden des Motorradfahrens. Beide waren wie mein Vater aus dem Osten gekommen, allerdings nicht zu Fuß, sondern mit einem Motorrad mit Seitenwagen. Der Mann fuhr, die Frau saß im Seitenwagen, beide trugen verwitterte Lederanzüge und rauchten Virginiazigaretten mit dem Namen Prince of Wales, was mich sogleich für sie einnahm. Sie kauften die Zigaretten stangenweise und kamen doch alle paar Tage mit ihrem schwarzen Gespann in den Hof gerollt, um sich mit Nachschub zu versorgen. Da beide auch auf dem Motorrad und während des Fahrens rauchten, was für die Beifahrerin einfacher als für den Fahrer war, hatten sie einen entsprechend hohen Zigarettenkonsum, denn im Fahrtwind verglimmten die Zigaretten, kaum hatte man ein paar Züge davon getan. Inwieweit Herr und Frau Blaschke zu der Gruppe der Gefäßkranken gehörten, konnte ich, da sie motorisiert waren, nicht erkennen. Die wenigen Meter bis in den Laden legten sie ohne erkennbare Mühen zurück. Daß sie zu den Atemwegskranken zählten, wurde sofort deutlich, wenn sie nur »Guten Tag« sagten. Wobei Herrn Blaschkes Stimme noch um einiges rauher war als die seiner Frau. Leider waren Herr und Frau Blaschke in den Augen des Vaters weit weniger ehrenwert, als sie es in meinen Augen waren, denn sie ließen anschreiben und zahlten nur sehr unregelmäßig ihre

Schulden. Der Vater führte für seine säumigen Kunden kleine schwarze Oktavheftchen, und in dem der Blaschkes waren die größten Summen verzeichnet. Wenn die Summe eine gewisse Höhe erreicht hatte, bestand der Vater auf Zahlung und verweigerte die Herausgabe weiterer Zigaretten, was den Effekt hatte, daß die Blaschkes einige Zeit nicht mehr in unserem Geschäft auftauchten. Dann suchten sie die Tabakwarenhändler in den Nachbarorten auf, um dort Schulden zu machen, und erst wenn sie auch dort keinen Kredit mehr bekamen, tauchten sie wieder im Laden des Vaters auf und beteuerten ihre Zahlungsbereitschaft. Ich wußte weder, warum die Blaschkes kein Geld hatten, noch wußte ich, warum sie dann doch wieder in der Lage waren, ihre Schulden zu bezahlen. Ich wußte nur, daß sie einen denkbar schlechten Ruf im Ort hatten, denn sie wohnten in einem sogenannten Kotten, den ihnen ein Bauer vermietet hatte, und sie handelten mit gebrauchten Motorrädern, die sie eigenhändig instand setzten. Wurde irgendwo im weiteren Umkreis ein Motorrad gestohlen, dann hatten zuerst die Blaschkes mit einer Hausdurchsuchung zu rechnen. Man hatte zwar schon viele gestohlene Motorräder bei den Blaschkes entdeckt, aber noch nie hatte man ihnen den Diebstahl eines Motorrades nachweisen können. Nur zur Anklage der Hehlerei war es einmal gekommen, was den Blaschkes eine Geldstrafe einbrachte und ihnen zugleich die Gelegenheit gab, ihre säumigen Schulden mit dem Verweis auf die Geldstrafe weiterhin nicht zu bezahlen. Da der Vater mit allen ehemaligen Ostflüchtlingen relativ milde verfuhr, blieb die Schuldensumme der Blaschkes mehr oder weniger konstant. Und auch ihr hoher Virginiakonsum blieb konstant, nur der Zustand der Atemwege verschlechterte sich. Erst war es die Stimme von Herrn Blaschke, die immer leiser wurde, und dann war es auch die Stimme von Frau Blaschke, die immer leiser wurde. Als beide nur noch flüsterten, wurde Herr Blaschke ins Krankenhaus eingeliefert, wo man ihm den Kehlkopf entfernte. Als ich Herrn Blaschke zum erstenmal nach seiner Operation wiedersah, sprach er durch ein Mikrophon, welches er sich an den Hals hielt, und die künstliche Stimme war fast identisch mit der natürlichen Stimme seiner Frau. Eine Zeitlang kam Herr Blaschke nur aus Anhänglichkeit in den Laden, ohne irgend etwas zu kaufen. Dann setzte er sich auf den Kundenstuhl und sah dem Vater beim Bedienen und beim Rauchen zu. Er trug keine Lederkleidung mehr und fuhr auch nicht mehr Motorrad. Herr Blaschke sagte, daß seine Frau ebenfalls am Kehlkopf operiert werden müsse, daß sie sich aber weigere, nachdem sie gesehen habe, daß er nun darauf angewiesen sei, durch diesen Apparat zu sprechen. Statt dessen hocke sie im Haus herum und habe zu trinken begonnen, wogegen er wohl immer geraucht, aber niemals getrunken habe. Rauchen sei eine Leidenschaft, sagte die mechanische Stimme von Herrn Blaschke, aber Trinken sei ein Laster. Eines Tages kam Herr Blaschke ins Geschäft und sagte, daß seine Frau gestorben sei. Sie habe plötzlich nicht mehr sprechen können, sagte Herr Blaschke, dann habe sie nicht mehr atmen können, und schließlich sei sie lang auf den Fußboden hingeschlagen und habe aus dem Kopf geblutet. Als der Krankenwagen endlich eingetroffen war, sei der Küchenboden ganz mit Blut bedeckt gewesen. Dann hat Herr Blaschke zu weinen begonnen, was den Vater veranlaßte, in den Lagerraum zu gehen. Als der Vater aus dem Lagerraum zurückgekehrt war, hat Herr Blaschke nicht mehr geweint, sondern eine Packung Virginiazigaretten verlangt, die der Vater ihm auch verkauft hat. Dann hat Herr Blaschke die erste Zigarette seit seiner Operation geraucht, und der Vater ist wieder in den Lagerraum gegangen. Kurz darauf wurde Herr Blaschke an der Luftröhre operiert und mußte fortan durch einen künstlichen Schlauch atmen, der aus seinem Hals heraushing. Nach der Operation an der Luftröhre konnte Herr Blaschke auch seinen mechanischen Sprechapparat nicht mehr benutzen, und ans Rauchen war erst recht nicht mehr zu denken. Es hätte ihm schon jemand den Rauch direkt durch den Luftschlauch in seine Lungen blasen müssen. Trotzdem suchte der Mann auch weiterhin das Geschäft des Vaters auf, um dem Vater schweigend und mit traurigen Augen bei der Arbeit und beim Rauchen zuzusehen. Obwohl Herr Blaschke nichts mehr kaufte, sagte der Vater immer, daß der Blaschke einer seiner treuesten Kunden sei. Der Blaschke, sagte der Vater, weiß, was er hinter sich hat.

Der Negerpastor

Am Missionstag kam der Negerpastor, und insofern gehörte der Missionstag zu den wenigen Sonntagen, an denen ich gern in die Kirche ging. Außer am Missionstag ging ich noch am Erntedankfest gern in die Kirche, wenn auch weniger gern als am Missionstag, denn am Erntedankfest war der Altar mit verschiedenen Naturalien geschmückt, zu denen immer auch zwei Kürbisse gehörten. Das Erntedankfest war für mich das Fest der Kürbisse, und ich dankte dem lieben Gott vor allem für die Kürbisse, wenn der Pfarrer sein Dankgebet sprach, seine Hände über den Altar, über Obst, Gemüse, Getreideähren und die gelben Kürbisse ausbreitete. Der Missionstag hingegen zeichnete sich durch die Anwesenheit des Negerpastors aus, der gemeinsam mit dem einheimischen Pastor den Gottesdienst besorgte. Wobei der einheimische Pastor, der ein strenger Mann mit bleichen Wangen und einem Hüftschaden war, so gut wie neunzig Prozent des Gottesdienstes bestritt und der Negerpastor die restlichen zehn Prozent. Der Negerpastor verbrachte die meiste Zeit des Gottesdienstes auf einem Stuhl in der Nähe des Altars, was den Vorteil hatte, daß die Kirchgänger ihn ausgiebig betrachten konnten. Obwohl jedes Jahr ein Negerpastor in unsere Kirche kam, bin ich mir nicht sicher, ob es auch jedes Jahr ein anderer Negerpastor war. Für mich war ein Negerpastor wie der andere, und wirklich erinnern kann ich mich nur an einen einzigen von ihnen. Bei ihm handelte es sich um einen Mann mit Brille und dem Gesicht eines Buchhalters, das nur durch die schwarze Haut verfremdet war und mich insofern irritierte, als ich mir Buchhalter immer nur weiß und niemals schwarz vorgestellt hatte. Darüber hinaus hatte ich noch nie einen Neger mit Brille gesehen. Während der Gemeindepfarrer den Gottesdienst absolvierte, saß der Negerpastor neben dem Altar und blickte auf die Gemeinde, die wiederum auf den Negerpastor blickte. Wenn es ihm zuviel wurde, dann nahm er die Brille ab, rieb sich die Augen und setzte sie wieder auf. Dies ging so lange, bis der Pfarrer die Predigt beendet hatte, die immer einem Thema des Missionstages gewidmet war und in der niemals die Worte Jesu fehlten, mit denen er seine Jünger hinausschickt in alle Welt, um das Evangelium zu predigen aller Kreatur, wobei der Gemeindepfarrer das Wort Kreatur besonders deutlich aussprach. Es ist nicht auszuschließen, daß der Negerpastor für den Gemeindepfarrer auch zu den Kreaturen gehörte, denen gepredigt wurde, und der nun selber nicht nur glaubte, sondern auch predigte und damit wiederum zu denjenigen zählte, von denen der Gemeindepfarrer sagte, daß sie selig seien. Selig sah der Negerpastor nicht aus, eher ein wenig besorgt über die Predigt des Gemeindepfarrers, in der er nicht nur allen, die nicht glaubten, androhte, daß sie verdammt werden würden, sondern auch von Schlangen redete, die man mit den Händen hochheben solle. Möglicherweise hatte der Gemeindepfarrer geglaubt, er würde dem Negerpastor entgegenkommen, wenn er die Bibelstelle mit den Schlangen zitierte. Dieser schien aber kein Interesse an den Schlangen zu haben und blickte gleichgültig über den Rand seiner Brille auf die Gemeinde, die auf den Gemeindepfarrer blickte, der über ihnen auf der Kanzel stand. Nachdem der Gemeindepfarrer seine Predigt beendet hatte und aufgrund seines Hüftschadens und zur Belustigung der Kinder mit steifen Sprüngen von der Kanzel herabgestiegen war, bestieg der Negerpastor die Kanzel und erzählte die Geschichte von den weißen und den schwarzen Menschen, die vor dem Herrn alle gleich seien, so wie auch Äpfel oder Ananasfrüchte aus dem Garten Gottes seien, und keine sei weniger wert als die andere. Ich hatte allerdings immer gefunden, daß Ananasfrüchte, und vor allem die aus der Dose, weitaus mehr wert seien als Äpfel, und genauso hatte ich empfunden, daß sich weiße Menschen sehr wohl von schwarzen Menschen unterschieden, zumindest was ihre Hautfarbe betrifft. Daß der Negerpastor wohl schwarz, aber nicht gänzlich schwarz, sondern auch ein wenig weiß war, war mir zum erstenmal aufgefallen, als er den Abschlußsegen erteilte und seine hellen Handflächen der Gemeinde entgegenstreckte. Noch weißer erschien er mir an dem Tag, als er uns zu Hause besuchte. Mein Vater, der in der Kirchengemeinde als Presbyter tätig war, wurde von den anderen Presbytern damit beauftragt, sich um den diesjährigen Negerpastor zu kümmern, jedes Jahr wurde ein anderer Presbyter damit beauftragt. Viele Jahre hatte sich niemand um die Negerpastoren gekümmert, so daß diese, wenn ihr Auftritt am Missionstag vorüber war, allein und verlassen in ihrem Gästezimmer hockten oder traurig durch den Ort spazierten. An einem Missionstag war es so weit gekommen, daß sich der damalige Negerpastor am Abend in eine Gaststätte begeben, sich betrunken hatte und mit den anderen zumeist ebenfalls betrunkenen Gästen in Streit geraten war, der zu einer Wirtshausschlägerei ausartete und damit endete, daß der betrunkene Pastor mit einer Platzwunde am Kopf mit der Ambulanz ins Krankenhaus eingeliefert wurde. Danach wurde beschlossen, in Zukunft einen Betreuungsdienst einzurichten, der von den Presbytern gestellt werden sollte. Der Sonntagmittag, an dem der Negerpastor an unserem Wohnzimmertisch Platz nahm, verlief denn auch friedlich. Einzig der Hund mochte sich lange nicht über den fremden Gast beruhigen. Für mich war der Besuch insofern enttäuschend, als der Mann sozusagen mit jeder Minute, die er an unserem Tisch saß, an Farbe verlor. Denn erstens sprach er ein vollkommen akzentfreies Deutsch, zum anderen wurde er nicht, wie ich es mir vorgestellt hatte, in irgendeiner afrikanischen Bambushütte von einem malariakranken deutschen Missionar zum christlichen Glauben bekehrt. Er war vielmehr der Sohn eines christlich getauften Bauingenieurs und hatte in Münster in Westfalen Theologie studiert und sein Studium mit einem Doktortitel abgeschlossen, was meinen Vater äußerst für ihn einnahm. Einen Doktortitel, pflegte der Vater zu sagen, kann man nicht vererben, den muß man erwerben. Das war eine seiner geläufigsten Spruchweisheiten, wenn es um Schulnoten und Bildungsfragen ging. Wohl verstand ich, was der Vater damit sagen wollte, aber ich verstand es auch nicht. Schließlich konnte man ebenso den Hauptschulabschluß und die mittlere Reife nicht vererben, sondern nur erwerben, und letzteres hatte ich mir vorgenommen. Außerdem hätte es heißen müssen, daß man einen Doktortitel nicht ererben kann, und nicht, daß man ihn nicht vererben kann, denn daß man ihn nicht vererben kann, heißt ja noch lange nicht, daß man ihn auch erwerben will. Der Negerpastor jedenfalls hatte einen Doktortitel und der Vater einen enormen Respekt, der sich noch steigerte, als er gewahr wurde, daß der Mann aus Afrika nicht nur Deutsch und Englisch sprach, sondern auch das Lateinische beherrschte. Das Lateinische, das einmal bis an den Teutoburger Wald herangereicht hatte, war für den Vater der Inbegriff von abendländischer Kultur, während das Griechische für ihn bereits zum Balkan gehörte. Das Griechische rührte zu sehr an den Osten, und der Osten war für den Vater das genaue Gegenteil von abendländischer Kultur. Der Vater, Nachfahre eines in den Osten ausgewanderten schwäbischen Kleinbauern, hatte nie die Gelegenheit gehabt, eine Fremdsprache zu lernen. Allerdings sprach er zu seinem eigenen Leidwesen sowohl Russisch als auch Polnisch, aber weder das eine noch das andere waren für ihn Bildungsgüter, sondern Schicksalsschläge und Kriegsfolgen. Daß der Vater Russisch und Polnisch sprach, bedeutete ihm ungefähr genausoviel wie der Verlust seines rechten Armes, den er ebenfalls dem Krieg zu verdanken hatte. Wieviel hätte er für ein paar Worte Latein gegeben, und wie sehr freuten ihn die Lateinkenntnisse des Negerpastors. Dieser wiederum freute sich über die Freude des Vaters so sehr, daß er den Vater bei seinen regelmäßigen Hausbesuchen mit Salve! begrüßte und gern ein paar lateinische Redewendungen in das Gespräch einfließen ließ, die auch einen Bauern erfreuen konnten, wie zum Beispiel »Ubi mel, ibi apes«, »Wo Honig, da auch Bienen«. Ein Spruch, den der Vater auch nach der Abreise des Negerpastors noch lange im Mund führte, allerdings auf deutsch und in der Variante »Wo Bienen, da auch Honig«, die sich mit seinem Arbeitsethos weitaus eher vertrug als das Original. Ein weiterer Spruch lautete »De nihilo nihil«, »Aus nichts entsteht nichts«, der dem Vater sofort einleuchtete und den er mir in der etwas schlichteren Fassung »Aus nichts wird nichts« wie einen Bannfluch noch jahrelang entgegenhielt, wenn es um meine schulischen Leistungen im besonderen und meine persönliche Entwicklung im allgemeinen ging. Wohl war ich stolz auf unseren exotischen Gast, der das Haus mit Wüstenlicht, Meeresrauschen und dem Geruch von wilden Tieren zu erfüllen versprach, doch zugleich fürchtete ich ihn und nahm ihm seine Bildung übel, wurde ich doch beständig an ihr gemessen und sah mich also beständig blamiert. Glücklicherweise war ich nicht der einzige, der sich vor dem schwarzen Mann blamiert fühlte, denn es stellte sich heraus, daß auch unser Gemeindepfarrer nicht nur ein ziemlich dünkelhafter Mensch war, sondern auch über keinerlei Lateinkenntnisse verfügte. Während einer Kaffeestunde, zu der auch der Gemeindepfarrer geladen war, verführte mein Vater den Negerpastor wieder zu den üblichen lateinischen Spruchweisheiten, worauf sich dieser bereitwillig einließ und seine Bildungskanonen abfeuerte und Spruch um Spruch zum besten gab, was den Vater amüsierte, mich wie immer beschämte und den Gemeindepfarrer derart in Verlegenheit brachte, daß dieser irgendwann sagte, nun reiche es langsam mit all den Zitaten, worauf der Negerpastor, angesteckt von der Laune des Vaters, dem Gemeindepfarrer zurief: »Nondum clivum exsuperavimus«, was soviel heißt wie »Wir haben den Gipfel noch nicht bezwungen«, und worauf der Gemeindepfarrer sagte, daß er sich freue über soviel Einsicht. Darauf sagte der Negerpastor, er könne noch in infinitum so weitermachen, denn Cicero habe gesagt »Facetiae omnium sermonum condimenta«, was der Gemeindepfarrer wiederum mit einem säuerlichen »Gut, daß Sie es einsehen« beantwortete. Daraufhin sagte der Negerpastor erst einmal nichts und dann noch einmal »Facetiae omnium sermonum condimenta«, was soviel heißen solle wie »Witzige Bemerkungen sind die Würze jeder Unterhaltung«. Ob er denn seinen Cicero nicht kenne, fragte der Negerpastor den Gemeindepfarrer, woraufhin dieser zugeben mußte, daß er weder Cicero noch sonst einen Lateiner kenne, da er niemals Latein gelernt habe. Er habe vielmehr Feinmechaniker gelernt und sei über seine ehrenamtliche Arbeit als kirchlicher Jugendpfleger und eine entsprechende Zusatzprüfung, die allerdings nicht sehr umfangreich gewesen sei, zu seinem Amt gekommen. Das sei eine Zeitlang und speziell in den ersten Nachkriegsjahren möglich gewesen, da es mehr Pfarrstellen als Pfarrer gegeben habe, was sich aber sehr schnell änderte, wobei er selbst auch kein Pfarrer, sondern nur ein Pastor sei. Um Pfarrer zu werden, müßte er noch eine weitere Zusatzprüfung machen, vor der er aber zurückschrecke, und dies auch wegen der leidigen Lateinkenntnisse. Andererseits habe er als Pastor natürlich die gleichen Rechte und Pflichten wie ein Pfarrer, vor allem was die Sakramentenverwaltung betreffe. Die Sakramentenverwaltung, sagte der Gemeindepfarrer, sei ohnehin das Herzstück jeder pastoralen Tätigkeit, und darum fühle er sich auch ganz und gar als Pfarrer, obwohl er ja eigentlich nur Pastor sei. Schon als Jugendpfleger habe er den Traum gehabt, die Sakramente verwalten zu dürfen, wobei er, wenn er verwalten sage, natürlich zuvorderst das Austeilen der Sakramente meine. Das Austeilen der Sakramente, sagte der Gemeindepfarrer, sei für ihn das eigentliche Herzstück der religiösen Kulthandlungen, worauf der Vater sagte, daß es Kulthandlungen in seiner schwäbischen Auswanderergemeinde nicht gegeben habe und es ihm auch neu sei, daß es in dieser Gemeinde, in der er nun schon jahrelang als Presbyter aktiv sei, Kulthandlungen gebe. Schließlich, sagte der Vater, seien sie hier nicht sonstwo, sondern mitten im Europa. Mit Kulthandlungen, sagte daraufhin der Negerpastor, meine der Gemeindepfarrer natürlich nur den Gottesdienst, denn Kult komme von cultus und cultus von colere, und das wiederum heiße nichts anderes als bebauen, pflegen, ehren, und ein Gottesdienst sei darum auch so etwas wie das Pflegen und Bebauen des Ackers, auf dem der Gottesglaube gedeihe. Und insofern, sagte der Gemeindepfarrer, der dem Negerpastor dankbar war für seine vermittelnden Worte, könne er beruflich auch mehr als zufrieden sein, obwohl er natürlich als Pfarrer finanziell besser dastünde denn als Pastor. Als Pastor sei er mit A13 eingestuft, und als Pfarrer würde er mit A14 eingestuft werden. Allerdings würde er als A14er nicht nur ein höheres Gehalt beziehen, sondern müßte auch, das habe ihm das Konsistorium bereits einmal vorausschauend avisiert, aufgrund der relativen Mitgliedsschwäche der Gemeinde mit einer diözesanen Zusatzaufgabe rechnen. Also würde er sich als A13er vielleicht sogar besser stehen denn als A14er, wenn er einmal rein von der Arbeitsbelastung ausgehe. Zumal das Konsistorium ihm ebenfalls avisiert habe, daß er, falls er sich zum Pfarrer befördern lasse, erst nach der Beförderung erfahren würde, um was für eine Aufgabe es sich bei der diözesanen Zusatzaufgabe eigentlich handele. Das reiche vom Bibelkreis für Spätheimkehrer bis zur Sterbebegleitung im Kreiskrankenhaus, sagte der Gemeindepfarrer, und darum werde er auch noch einige Zeit darüber nachdenken, ob er, wenn er vom A13er zum A14er aufrücke, sich wirklich einen Gefallen tue, zumal A13 wohl weniger als A14 sei, aber nicht so viel weniger, als daß er deshalb mit seinem Dasein hadern müsse, welches sowieso in Gottes Hand gelegt sei. Bei diesen Worten erhob sich der Negerpastor, worauf der Vater sich ebenfalls erhob, so daß dem Gemeindepfarrer nichts anderes übrigblieb, als sich auch zu erheben und zu verabschieden. Der Vater versicherte dem Negerpastor noch einmal, daß ihm unser Haus während seines Aufenthaltes in der Gemeinde immer offenstehe. Das hatte den Effekt, daß der schwarze Prediger fast jeden Tag in meinem Elternhaus hereinschaute, während sich der Gemeindepfarrer nur noch ein einziges Mal zu einer gemeinsamen Kaffeestunde einfand, in deren Verlauf der Negerpastor den Gemeindepfarrer in eine Diskussion über den Zusammenhang von Remythologisierung und Entmythologisierung in der neueren Theologie verstrickte, womit dieser allerdings nichts anzufangen wußte. Auch auf die Bemerkung des Negerpastors, daß es für ihn im Grunde genommen immer nur um die Frage Barth oder Bultmann gehe und daß sich alle anderen Fragen auf diese zurückführen ließen, wußte der Gemeindepfarrer lediglich zu sagen, daß es ihm vor allem auf die Unverstelltheit des Glaubens ankomme. Denn Unverstelltheit des Glaubens meine für ihn erstens Frische der Glaubenshaltung und zweitens Direktheit der Glaubensrichtung. Beides müsse doch auch er, der Negerpastor, aus seinem Heimatland kennen, denn woran auch immer die Leute dort glaubten, so täten sie es doch zumindest auf frische und direkte Weise. Wenn sie beispielsweise einen Baum anbeteten, sagte der Gemeindepfarrer, dann würden sie dies doch ohne alle intellektuelle Verstelltheit tun; und ebenso direkt und ohne alle intellektuelle Verstelltheit würden sie, wenn sie keinen Baum anbeteten, dann eben einen Stein oder was auch immer anbeten. Als der Negerpastor erwiderte, daß man in seinem Heimatland weder Bäume noch Steine anbete, sagte der Gemeindepfarrer, daß er dies ja auch nur als Beispiel gemeint habe, genausogut hätte er einen Fisch oder einen Vogel als Beispiel nehmen können. Auch Fische oder Vögel, sagte der Negerpastor, würden in seinem Heimatland nicht angebetet, in seinem Heimatland würde vorzugsweise Allah angebetet und Mohammed sein Prophet, denn er komme aus dem Tschad, und der Tschad sei ein überwiegend muslimisches Land. Wie auch immer, sagte daraufhin der Gemeindepfarrer, sie sollten jetzt nicht das Erbsenzählen beginnen, ihm sei es eher ums Generelle gegangen. Darauf sagte der Vater, daß der Tschad einen guten Boden für Hülsenfrüchte habe, das habe er in der Zeitung gelesen. Natürlich könne man mit Hülsenfrüchten kein Land ernähren, aber immerhin. Bei seinem nächsten Besuch brachte der Negerpastor eine Schallplatte mit, auf der auf der einen Seite die Nationalhymne und auf der anderen volkstümliche Musik des Tschad zu hören war. Sowohl der Vater als auch ich haben die von Trommeln und dunklen Gesängen erfüllte volkstümliche Musik des Tschad für die Nationalhymne gehalten und nicht die Nationalhymne, die von einer Blaskapelle gespielt wurde und einem zu langsam und zu schräg gespielten Marsch glich. Bei der volkstümlichen Musik handelte es sich dagegen um die Hochzeitsmusik eines speziellen Stammes aus dem Landesinneren, der aber ebensowenig noch existierte wie die Musik selbst. Die Musik, erklärte der Negerpastor, sei die Reproduktion einer Aufnahme aus dem Schallarchiv des Musée de l'Homme in Paris und irgendwann einmal von einem Ethnologen aufgenommen und nach Europa gebracht worden, wogegen die Nationalhymne erst vor ein paar Jahren komponiert und im Tschad eingeführt worden sei. Heute könne man vor allem Blasmusik im Tschad hören, sofern man dort überhaupt Musik höre, und die Situation sei ja, wenn man einmal von der Orgelmusik absähe, in Ostwestfalen ganz ähnlich. Abgesehen von der sonntäglichen Orgelmusik habe er in Ostwestfalen immer nur Blasmusik gehört. Sowohl zu den weltlichen Festen wie auch zu den kirchlichen Festen werde in Ostwestfalen ausschließlich Blasmusik gespielt, worauf der Vater sagte, daß auch in seiner Heimat immer nur Blasmusik gespielt worden sei, wobei, wenn er Blasmusik sage, er den Posaunenchor meine, in dem er selbst auch lange Zeit gespielt habe. Und er hoffe sehr, daß auch ich, sein Sohn, im Posaunenchor spielen werde. Wohl sei er für den Posaunenchor, aber er sei ganz und gar gegen Blasmusik, wobei er, wenn er Blasmusik sage, die kommunalen Blaskapellen meine, seien es nun die der Feuerwehr oder die des Schützenvereins. Denn beide dienten weniger der Musikausübung als vielmehr dem Alkoholgenuß. Und so werde denn auch an den

Übungsabenden beider Blaskapellen wenig geübt und viel getrunken, wohingegen im Posaunenchor viel geübt und hoffentlich gar nicht getrunken werde. Blasmusik sei nicht gleich Blasmusik, sagte der Vater, worauf der Negerpastor sagte, daß dies wohl wahr sei, wohl wahr.

Heimatkunde

Die westfälische Heimat, sagte der Heimatkundelehrer, sei etwas, worauf wir mit Recht stolz zu sein hätten, denn sie zeichne sich durch besondere Schönheiten aus, um die uns so manch anderer Landstrich beneide. Allerdings war von all dem, was der Heimatkundelehrer zu den besonderen Schönheiten Westfalens zählte, in meiner westfälischen Heimatstadt nicht das geringste zu sehen. Zu diesen sogenannten besonderen Schönheiten Westfalens zählte der Heimatkundelehrer Flüsse und Wälder, Marktplätze und Kirchen, Burgen und Gebirge, Gassen und Winkel. Doch an dem Ort, an dem ich geboren wurde und an dem ich meine Kindheit und den größten Teil meiner Jugend verbracht habe, gibt es weder einen Marktplatz noch eine Gasse, weder einen Wald noch einen Fluß, keine Burg und keinen Berg. Einzig eine Kirche gibt es hier, doch gleicht diese Kirche nicht den sonnenbeschienenen, baumumstandenen, aus rotleuchtenden Ziegelsteinen erbauten Kirchen aus dem Heimatkundebuch. Die Kirche meines Heimatortes war ein felsgraues Gebäude mit einem Dach aus Schiefer und bleigefaßten dunkelbraunen Fenstern. Um den Mangel an westfälischer Heimatlichkeit in meinem westfälischen Heimatort auszugleichen, organisierte die Schule regelmäßige Ausflugsfahrten in die nähere Umgebung mit dem Ziel, mir und meinen Mitschülern so etwas wie ein Heimatgefühl zu vermitteln. Der Heimatkundelehrer, der ein durch und durch heimatverbundener Mensch war und der bei seinen Schülern Heimatliebe nicht nur heranbilden, sondern auch, wie er betonte, Heimatstolz erwecken wollte, führte diese Ausflugsfahrten zumeist an. Allerdings zeigte sich recht bald, daß die Anzahl lohnender und typisch westfälischer Ausflugsziele ziemlich begrenzt war, so daß die Ausflüge entweder zum sogenannten Dreiländereck, zum Hermannsdenkmal oder zu den Externsteinen führten. Alles andere, was vielleicht auch als typisch westfälisch hätte gelten können, konnte schon deshalb nicht besucht werden, weil es für einen eintägigen Schulausflug zu weit entfernt war. Wobei das Dreiländereck das weitaus unattraktivste von allen drei Ausflugszielen war, denn erstens gab es hier außer einem verwitterten Grenzstein nichts zu sehen, und zweitens markierte dieser Grenzstein bloß die Grenze zwischen Nordrhein-Westfalen und Niedersachsen, was weder mich noch meine Mitschüler sonderlich für ihn einnahm. Die Externsteine und das Hermannsdenkmal waren insofern beliebter, als sie um einiges entfernter waren als das Dreiländereck und sich ihr Besuch mit einer längeren Busfahrt verband. Die Externsteine verkörperten darüber hinaus das echte Westfalen: kalt, gewaltig und geheimnisvoll. Riesige Steintrümmer aus der Vorzeit, die von meinen Landsleuten, die einmal groß wie Riesen gewesen sein mußten, hier versammelt worden waren. So zumindest schilderte es uns der Heimatkundelehrer, der ganz offensichtlich fasziniert von den Externsteinen war, die mir und meinen Mitschülern jedoch eher abstoßend vorkamen, so moosbewachsen, feucht und düster. Auch pädagogisch waren die Externsteine eine Verlegenheitslösung, denn mich und meine Mitschüler interessierten weder Gesteins- und Faltenbildungen aus der Kreidezeit noch die in die Externsteine eingebauten Kapellen und Grabkammern. Wir hörten uns widerwillig die geologischen und historischen Ausführungen unseres Heimatkundelehrers an, um uns darauf zwischen den Steinen und in den Büschen herumzutreiben. Es roch nach Urin, Abfälle lagen herum, Bierflaschen, Taschentücher und Präservative; wir rauchten unsere ersten Zigaretten und suchten die Steine nach obszönen Zeichnungen und eingeritzten Hakenkreuzen ab. Wer Mut hatte, der hinterließ seine Initialen auf den Steinen, und wer noch mehr Mut hatte, der ritzte weitere Hakenkreuze in die Felsen hinein, rieb feuchte Erde, Sand und Blätter darüber und gab ihnen so die Patina verwitterter Zeichen. Um den Heimatkundelehrer in Verlegenheit zu bringen, haben wir ihn immer wieder auf die eingeritzten Hakenkreuze hingewiesen. Das seien Dummejungenstreiche, sagte er, und wir sollten uns bloß nicht einfallen lassen, ähnliches anzustellen, worauf einige von uns sich sofort wieder daranmachten, mit Hilfe ihrer Fahrtenmesser weitere Hakenkreuze in die Externsteine zu ritzen. Für die meisten meiner Mitschüler bestand der Hauptreiz dieser Exkursionen zu den Externsteinen darin, Hakenkreuze in die Externsteine zu ritzen. Das gleiche mußte auch für die vielen anderen Schulklassen gelten, die ihre Ausflüge zu den Externsteinen machten. Denn mit den Jahren waren sämtliche Steine über und über mit Hakenkreuzen bedeckt, unter die sich nur gelegentlich obszöne Worte, pfeildurchbohrte Herzen oder Initialen mischten. Der Heimatkundelehrer warnte uns vor den Hakenkreuzritzereien, nicht ohne zugleich darauf hinzuweisen, daß das Hakenkreuz in Wahrheit ein eher unschuldiges Symbol sei und die dummen Jungen, die die Hakenkreuze hier hineinritzten, gar nicht wüßten, was sie täten. Natürlich waren die Hakenkreuzritzereien auch nur von begrenztem Erlebniswert, da sich weder der Heimatkundelehrer noch sonst irgend jemand davon wirklich beunruhigen ließ. Ganz im Gegenteil hat der Heimatkundelehrer nicht nur immer wieder darauf verwiesen, daß die Hakenkreuze in Wahrheit uralte und darum vollkommen unschuldige Symbole seien, er hat zugleich auch betont, daß er sich gar nicht darüber wundere, daß die Externsteine in gewisser Weise eine Wallfahrtsstätte für Hakenkreuzritzer geworden seien, denn der Ort habe seine ganz eigene archaische Magie, und es sei vielleicht auch diese Magie, die die alten und darum unschuldigen Symbole, wie das Hakenkreuz eines sei, auf geheimnisvolle Weise anzöge, denn hier hätten schließlich unsere Vorfahren, die alten Westfalen, ihre Sonnenwendfeiern abgehalten, und das Verehren der Sonne sei ja ein ehrwürdiger alter Brauch, den man auch bei den Azteken finden könne. Darum, so der Heimatkundelehrer, sei die Verwendung des Hakenkreuzes, wenn man einmal an die ursprüngliche Bedeutung denke, nichts anderes als die Verwendung eines alten kultischen Sonnenzeichens, welches in unserer westfälischen Heimat schon immer verwandt worden sei. Allerdings sei er ganz und gar gegen jede Form von Hakenkreuzritzerei, wie sie die dummen Jungens von heute betrieben, denn zum einen sei das an sich unschuldige Hakenkreuz aufgrund seines bedauerlichen Mißbrauchs in der Vergangenheit ein verbotenes Symbol, und zum anderen komme die heutige Ritzerei einer Schändung, ja, er sage ganz bewußt Schändung, sagte der Heimatkundelehrer, der alten westfälischen Kultsteine gleich. Die Externsteine hatten allerdings sowohl für mich wie für meine Mitschüler keinerlei magische Anziehungskraft, und das, was der Heimatkundelehrer alte westfälische Kultsteine nannte, war nichts anderes als die gute Gelegenheit für ein paar Ritzereien. Wir hätten wahrscheinlich auch das Hermannsdenkmal mit den verbotenen Zeichen versehen, an das Hermannsdenkmal aber beziehungsweise an den Hermann war kein Herankommen. Man konnte weder auf den Hermann hinaufklettern noch, obwohl er hohl war, in ihn hinein. Blieb also nur der steinerne Sockel, der aber weder mich noch meine Kameraden sonderlich interessierte. Zumal auch der Hermann selbst uns Schülern ziemlich lächerlich vorkam mit seinem Röckchen, der Flügelkappe und den Sandalen. In gewisser Weise unterstützte uns der Heimatkundelehrer in unserer Abneigung gegen den Hermann, den er einerseits monströs nannte und andererseits weibisch. Der Heimatkundelehrer meinte, daß der Hermann, wie er auf dem Hermannsdenkmal stehe, nichts, aber auch gar nichts mit dem wirklichen Hermann zu tun habe. Wir sollten uns davon nicht irremachen lassen, denn der wirkliche Hermann sei weder so monströs gewesen noch so weibisch. Der Deutsche tut des Guten gern zuviel, sagte der Heimatkundelehrer, und er würde es niemandem verübeln, wenn wir uns dem Hermann gegenüber eine gewisse Distanz bewahrten. Er halte dies sogar für erforderlich, wobei er, wenn er Hermann sage, nicht den historischen Hermann meine, sondern den Hermann auf dem Hermannsdenkmal. Ersterer sei für ihn ein Held, während letzterer für ihn nichts als ein riesiger weibischer und lächerlicher Blechkerl sei, der mit seinem Röckchen und den ausgestellten nackten und gar nicht muskulösen Beinen an alles mögliche denken lasse, nur nicht an einen deutschen Helden und Krieger. Der wirkliche Hermann, sagte der Heimatkundelehrer, sei meilenweit von dem Hermann des Hermannsdenkmals entfernt, denn der Hermann des Denkmals sei ein weibischer Hohlkörper, der wirkliche Hermann dagegen ein männlicher Krieger, dessen Spuren allerdings in das geistige Deutschland eingegangen seien. Das geistige Deutschland aber könne man nicht auf einen Sockel stellen, das geistige Deutschland sei ein ursprüngliches Deutschland, und darum seien auch für ihn die Externsteine die wahrhaft bedeutenden Kulturdenkmäler unserer westfälischen Heimat. Die Externsteine seien nahe am Ursprung und verkörperten das, was den Westfalen im Innersten ausmache. Die Externsteine, sagte der Heimatkundelehrer, seien geistige Steine, und zugleich seien sie erfüllt von dem, was er den steinernen Geist unserer westfälischen Heimat nenne. Ich habe den steinernen Geist meiner westfälischen Heimat insofern kennengelernt, als ich den westfälischen Menschen zumeist als versteinerten Menschen erleben mußte. Ein Musterfall dieses versteinerten westfälischen Menschen war der Heimatkundelehrer selbst, der neben der Heimatkunde auch Biologie unterrichtete und mit mir und meinen Mitschülern nicht nur heimatkundliche, sondern auch biologische Exkursionen in die nähere Umgebung durchführte. Allerdings gab es in meiner ostwestfälischen Heimat keine nennenswerten biologischen Vorkommnisse, weder in der heimatlichen Fauna noch in der heimatlichen Flora. Die heimische Tierwelt beschränkte sich auf Spatzen und Hühner in den benachbarten Gärten sowie die schlachtreifen Schweine, die auf Lastwagen in die örtlichen Fleischfabriken transportiert wurden. Die Flora meiner Heimat, das waren Kartoffel- und Rübenfelder, die sich kilometerweit um den Ort herum ausdehnten. Meine westfälische Heimat schien eine Gegend zu sein, die von allem, was irgendwie an Fauna oder Flora erinnerte, gemieden wurde. Der Heimatkundelehrer suchte das Problem insofern zu lösen, als er sich bei unseren biologischen Exkursionen auf die sogenannte Schädlingskunde konzentrierte und uns in der freien Natur mit Pilzbefall, Schwammbildungen, Kartoffelkäfern und Wespennestern vertraut machte. Die Schädlingskunde, sagte der Heimatkundelehrer, sei wohl ein Spezialgebiet der Biologie. Aber sie sei zugleich auch ein Spezialgebiet der Heimatkunde, denn Heimat, das sei etwas, das nicht von allein blühe und gedeihe, sondern nur dann, wenn man die Schädlinge, die Parasiten und all das, was der Heimat Schaden angedeihen lasse, kenne und zu bekämpfen wisse. In diesem Sinne sei die Schädlingskunde eine Form der Heimatpflege, sagte der Heimatkundelehrer, und deshalb sehe er sich veranlaßt, seine Schüler mit diesen eher abstoßenden Hervorbringungen der Natur zu konfrontieren. Einen nachdrücklichen Kontrapunkt zu den schädlingskundlichen Exkursionen stellte allerdings der jährliche Ausflug zur Adlerwarte Berlebeck dar. Was für den Heimatkundeunterricht die Externsteine waren, das war für den Biologieunterricht die Adlerwarte Berlebeck. Denn der Adler, so der Heimatkundelehrer, sei ein durch und durch westfälisches Tier. Der Adler sei das westfälische Tier schlechthin, und wer den majestätischen Vogel den westfälischen Himmel durchkreuzen sehe, der sehe den Gott Odin aus der Vorgeschichte aufsteigen und seine Kreise über unsere Heimat ziehen. Denn der Gott Odin, so der Heimatkundelehrer, sei der Zeus Westfalens, und im Adler, seiner tierischen Gestalt, vereinige sich das Antikische mit dem Westfälischen. Allerdings wurden in der Adlerwarte nicht nur Adler, sondern auch Geier gehalten, was den Heimatkundelehrer zu einigen bissigen Bemerkungen gegen Aasfresser jeder Sorte, wie er sagte, veranlaßte. Er sei, sagte der Heimatkundelehrer, ganz und gar kein Freund des Geiers, sowenig wie er ein Freund von Aasfressern jeder Sorte sei, und wenn es nach ihm ginge, dann würde er die Geier dorthin schicken, wo sie hergekommen seien. Auf die Frage eines Mitschülers, woher denn die Geier gekommen seien, sagte der Heimatkundelehrer, daß das eine gute Frage sei, die man aber nicht so leicht beantworten könne. Die Geier kämen von überall her, vor allem aber von dort, wo es arm und schmutzig zugehe. Der Geier sei der Vogel der sogenannten unterentwickelten Länder, sagte der Heimatkundelehrer, und dort, in den unterentwickelten Ländern, lebten sie auch mit einer gewissen Berechtigung. Stellten sie doch so etwas wie eine herbeifliegende Müllbeseitigung dar. Da wir Deutschen und speziell die Westfalen ihren Müll aber nicht auf der Straße herumliegen ließen und schon gar nicht tote Tiere, Schweine, Katzen, Hunde und gelegentlich auch Menschen, wie es in den unterentwickelten Ländern gang und gäbe sei, darum bräuchten wir Deutschen auch keine Geier zu halten. Die Geier in Deutschland und speziell die der Adlerwarte Berlebeck seien unnütze Fresser, sagte der Heimatkundelehrer, die in einem Land wie dem unseren, wo nichts Totes herumliege, auch keine sinnvolle Aufgabe hätten. Ganz im Gegenteil müßte für die Geier eigens frisches Fleisch in Aas verwandelt werden, denn die Geier hätten eben diesen speziellen Geschmack und fräßen am liebsten Aas. In der Adlerwarte Berlebeck gäbe es für die Herstellung von Aas eine spezielle Fäulniskammer, sagte der Heimatkundelehrer, er würde aber keinem von uns empfehlen, diese Kammer aufzusuchen. Weder meine Mitschüler noch ich hatten auch nur die geringste Lust, den Raum mit dem faulenden Fleisch aufzusuchen, doch konnten uns auch die Adler nicht sonderlich begeistern. Flogen sie am Himmel, sah man so gut wie nichts von ihnen, saßen sie in ihren Käfigen, waren sie so langweilig wie jeder andere Vogel auch. Insofern war die Adlerwarte Berlebeck nur von begrenztem Interesse, zumal der Heimatkundelehrer uns die Geier von Anfang an madig gemacht hatte. Für mich aber waren es gerade die Geier, die mir interessant erschienen. Und wenn ich ein Tier zum westfälischen Wappentier hätte machen sollen, dann hätte ich den Geier dazu gemacht. Der Geier war ein Tier, das aus der Ferne kam. Und ich sehnte mich nach nichts so sehr wie nach der Ferne. Speziell der Heimatkundeunterricht hatte in mir eine beständig anwachsende Sehnsucht nach

Ferne erzeugt. Je länger ich dem Heimatkundeunterricht beiwohnte, um so mehr entwickelte sich in mir ein quälendes Fernweh. Allerdings hatte ich kein Mittel, mein Fernweh zu stillen. Ich besaß lediglich ein Fahrrad und die Erlaubnis, mich für einige Stunden von meinem Elternhaus zu entfernen. Und die einzige Ferne, die ich in dieser Zeit erreichen konnte, waren die Städte Bielefeld oder Gütersloh. Wohl hatte ich ein quälendes Fernweh, aber ich hatte kein Fernweh nach Bielefeld oder Gütersloh, und die verzweifelten Radtouren, die ich gelegentlich nach Bielefeld oder Gütersloh unternahm, bestätigten mir auch immer wieder, daß ich wohl in die Ferne, nicht aber nach Bielefeld oder Gütersloh wollte. Ich saß in der westfälischen Falle. Und da ich nur über ein Fahrrad und über keine größeren finanziellen Mittel verfügte, transformierte sich meine Sehnsucht nach der Ferne in eine Fernsehsucht, so daß ich meine gesamte Freizeit vor dem Fernseher zubrachte. Allerdings erlaubten mir die Eltern nur, am frühen Abend fernzusehen, denn der Nachmittag war den Schulaufgaben gewidmet und der Abend dem Schlaf. Am frühen Abend aber sah ich im Fernsehen immer nur die von Werbung unterbrochenen Sendungen des westfälischen Regionalfernsehens. Ich habe Jahre meiner westfälischen Kindheit und frühen Jugend damit verbracht, Sendungen des westfälischen Regionalfernsehens zu sehen, in denen es um nichts anderes als um westfälische Angelegenheiten ging. Ich habe Hunderte Male das Hermannsdenkmal und die Externsteine im Regionalfernsehen gesehen, aber ich habe nicht ein einziges Mal auch nur die kürzeste Nachricht über meine Heimatstadt gesehen. Wäre meine Heimatstadt auch nur ein einziges Mal im Regionalfernsehen erwähnt worden, hätte ich vielleicht ein wenig von dem Heimatstolz in mir erwecken können, den der Heimatkundelehrer in mir und meinen Mitschülern erwecken wollte. Dann hätte ich in den Fernseher wie in einen Spiegel geblickt, der zugleich ein Tor zur Welt gewesen wäre. So aber starrte ich in ein schwarzweißflimmerndes Loch voller westfälischer Angelegenheiten, und während ich in dieses schwarzweißflimmernde Loch voller westfälischer Angelegenheiten starrte, versteinerte ich in gewisser Weise und wurde zu einem versteinerten westfälischen Menschen, der mit nichts anderem als mit von Werbung unterbrochenen westfälischen Angelegenheiten seine Sehnsucht nach der Ferne zu stillen suchte. Erst nachdem ich viele Hunderte, wenn nicht Tausende, von Stunden vor dem Fernseher abgesessen und meine westfälische Kindheit sich fast vollständig in eine westfälische Fernsehkindheit verwandelt hatte, sahen sich meine Eltern veranlaßt, mir aufgrund meiner schlechten schulischen Leistungen ein radikales Fernsehverbot zu erteilen. Das radikale Fernsehverbot hatte allerdings den Effekt, daß ich mich nicht wie bisher nur vor dem Fernseher in einen erstarrten und versteinerten Menschen verwandelte, sondern auch den Rest des Tages in eine Starre verfiel, was sich nachteilig sowohl auf meine ohnehin schon schlechten Noten wie auch auf das Klima in meinem Elternhaus auswirkte. Als die Eltern für meinen Zustand pubertären Trotz sowie eine bösartige Lernunwilligkeit, die man, wie sie sagten, auch Faulheit und Vergnügungssucht nennen könne, verantwortlich machten, erwiderte ich ihnen, daß meine Erstarrung, die sie Faulheit nannten, einzig und allein der westfälischen Heimat zu danken sei, die jeden Menschen zwangsläufig in einen innerlich düsteren, gewissermaßen naßkalten und moosbewachsenen Menschen verwandeln würde. Der westfälische Mensch, sagte ich, sei eine ebenso traurige und verregnete Angelegenheit, wie die westfälische und speziell die ostwestfälische Heimat als ganze eine traurige und verregnete Angelegenheit sei. Daraufhin meldeten mich meine Eltern kurz entschlossen in einer osthessischen Internatsschule an, die unweit der Zonengrenze und der Kleinstadt Schlüchtern zwischen Hügeln und Schafweiden lag. Das Internat war für mich insofern ein Fortschritt, als ich nun nicht nur Gelegenheit hatte, an einem speziellen Förderunterricht für leistungsschwache Schüler teilzunehmen, sondern auch dem Westfälischen entkommen war. Allerdings mußte ich mein Zimmer mit einem Schüler aus dem südwestfälischen Siegerland teilen, was zur Folge hatte, daß der Internatsleiter mich und meinen Zimmergenossen immer nur »die beiden Westfalen« nannte. Darüber hinaus nannten sehr bald auch alle anderen Lehrer und Erzieher mich und meinen Zimmergenossen immer nur »die beiden Westfalen«, was meinem Zimmergenossen nichts ausmachte, mich aber äußerst kränkte, so daß ich mit der Zeit einen tiefen und unüberwindlichen Widerwillen nicht nur gegen den Internatsleiter, sondern gegen alles Hessische und speziell Osthessische empfand.

Der Hypochonder

Da ich seit meiner Schulzeit davon geträumt hatte, Theaterschauspieler oder wenigstens Regisseur zu werden, beschloß ich, erst einmal Theaterwissenschaft zu studieren, um mich mit der Theaterliteratur vertraut zu machen. Allerdings machte mich das Studium der Theaterwissenschaft nicht so sehr mit der Theaterliteratur vertraut als vielmehr mit der theoretischen Literatur über die Theaterliteratur und einer Vielzahl von auf Video aufgezeichneten Theaterstücken, von denen ich detaillierte Analyseprotokolle erstellen mußte, die dann mit den Analyseprotokollen meiner Kommilitonen verglichen wurden. Die sogenannte Videosequenzanalyse war eines der Hauptgebiete des Theaterwissenschaftlichen Instituts und bei Dozenten wie Studenten gleichermaßen beliebt. Erstere konnten mit dem Anschauen der auf Video aufgezeichneten Theaterstücke einen nicht geringen Teil ihres Lehrdeputats vor der Mattscheibe absolvieren, während die meisten der Studenten, obwohl sie Theaterwissenschaften studierten, sich in Wahrheit als Filmspezialisten verstanden und nichts lieber taten, als über Reißschwenks und Schuß-Gegenschuß-Verfahren zu debattieren. Wer der Videosequenzanalyse ausweichen wollte, dem blieb nur die Möglichkeit, bei einem von den Videosequenzanalytikern belächelten und kurz vor der Emeritierung stehenden Professor zu studieren, dessen Spezialität die Theatergeschichte als Kultgeschichte war. Ich besuchte bei besagtem Professor ein Seminar, das über mehrere Semester angelegt war und sich ausschließlich mit der Lektüre von Erich Neumanns mir bis dahin unbekanntem Hauptwerk »Die Große Mutter« beschäftigte. Denn die Große Mutter, so der Professor, sei auch »Das Große

Runde« und damit die Urform des Kreises und der Arena, und alles Theaterspielen sei nichts anderes als ein Spielen auf und mit dem Leib der Großen Mutter. Wohl wollte ich Schauspieler oder wenigstens Theaterregisseur werden, aber ich wollte auf keinen Fall auf und mit dem Leib der Großen Mutter spielen. Nachdem ich über mehrere Wochen dem Seminar gefolgt war und mich vorwiegend in die drei Komplexe Steinerne Mutter, Gute Mutter und Furchtbare Mutter eingearbeitet hatte, welche gemeinsam eine sogenannte archetypische Gruppe bilden, begann ich unter starken Spannungszuständen zu leiden, die sich vor allem im Bereich der Kaumuskulatur auswirkten. Außerdem suchten mich regelmäßig Alpträume heim, in denen meine Mutter, die vor einiger Zeit verstorben war, aus ihrem Grab auftauchte und mir mit erdigen Händen das Frühstück bereitete. Trotzdem wollte ich das Seminar erfolgreich zu Ende bringen und erklärte mich bereit, ein Referat über »Die Große Mutter als fressende Erde« zu halten, in dem ich die These zu begründen versuchte, daß jede Theaterbühne nur ein Holzdeckel über einem Abgrund sei. Nachdem ich mich, ganz im Banne Erich Neumanns, zum Spezialisten für klaffende Abgründe, zähnefletschende Erdmäuler und verschlingende Vaginen entwickelt hatte, ging es mir allerdings so schlecht, daß ich Atemstörungen bekam und befürchten mußte, das Referat nicht fertigstellen zu können. Glücklicherweise machte mich ein Aushang am Theaterwissenschaftlichen Institut auf ein Atemtherapeutisches Institut aufmerksam, das sich insbesondere an Studenten der Theaterwissenschaften mit praktischen Schauspielinteressen richtete und diesen einen Sonderrabatt einräumte. Die Inhaberin des Atemtherapeutischen Instituts war eine alte Dame, die ich bald darauf in ihrer im südlichen Berlin gelegenen Praxis aufsuchte. Die Praxisräume waren mit weichen Teppichen ausgelegt, an den Wänden hingen japanische Holzschnitte, und statt Stühlen oder anderer Sitzgelegenheiten gab es nur niedrige und betschemelartige Holzgestelle. Schon das Sitzen auf den Schemeln erwies sich als eine erste therapeutische Maßnahme und, wie mir die alte Dame versicherte, als ein erster Schritt zu einer veränderten Lebensführung. Es dauerte einige Zeit, bis es mir gelang, in die Knie zu gehen und zugleich den Schemel unter das Gesäß und zwischen die Ober- und Unterschenkel zu schieben. Als ich endlich saß, die alte Dame hatte es sich auf einem weiteren Schemel bequem gemacht, sagte mir die Atemtherapeutin, daß ich gar nicht viel zu erklären brauchte, allein an der Art meines Hinsetzens erkenne sie das Problem. Ich sei durch und durch verspannt, der Atem fließe nicht frei durch meinen Körper, und die Atemsäule, die mir Halt und Beweglichkeit verleihen müßte, sei blockiert und verhärtet wie ein Betonpfahl. Auch wenn ich noch nie etwas von einer Atemsäule gehört hatte, so mußte ich der Atemtherapeutin insofern recht geben, als ich nun, in der niedrigen Sitzhaltung, nicht nur einen Druck auf Lunge und Brustraum spürte, sondern auch heftige Schmerzen im Rücken und in den Beinen. Die Therapeutin erlaubte mir freundlicherweise, mich aus der hölzernen Sitzzange zu befreien, und meinte, daß es wohl noch einige Zeit dauern werde, bis es mir gelänge, richtig und entspannt zu sitzen. Da ich mich inzwischen erhoben hatte und ein wenig verlegen im Raum stand, erhob sich die Therapeutin ebenfalls und ging einige Male mit nachdenklichem Blick und schwebenden Schritten um mich herum. Schließlich schüttelte sie den Kopf und sagte, daß es auch mit dem Stehen bei mir nicht zum besten stehe. Ich stünde wie ein ängstlicher und blockierter Mensch. Ja, eigentlich stünde ich gar nicht, sondern krallte mich am Boden fest, richtiges Stehen sei aber nichts anderes als richtiges Gehen und richtiges Gehen wiederum nichts als unterbrochenes Fallen, wobei sie, wenn sie Fallen sage, nicht Stürzen meine, sondern eher ein zum Horizont drängendes und mit der Schwerkraft spielendes Vorwärtsbewegen. Und darum schlage sie vor, daß ich mich erst einmal hinlegen solle. Ich folgte ihr in einen Raum, wo eine mit Leder bezogene Liege stand. Nachdem ich es mir bequem gemacht hatte, empfahl sie mir, nun nichts anderes zu tun, als zu atmen. Als ich erwiderte, daß ich dies schon die ganze Zeit tue, legte sie mir schweigend ihre warmen und vom Alter gedunkelten Hände auf den Bauch. Ich zog erschrocken den Bauch ein und hielt unwillkürlich den Atem an, worauf sie sich ziemlich unwirsch erhob und sagte, daß es damit für heute genug sein solle. Als ich eine Woche darauf die Atemtherapeutin erneut aufsuchte, hatte ich nicht nur Atem- und Schluckbeschwerden, sondern litt zudem unter beträchtlichen Kieferschmerzen, die ich mit den Verspannungen meiner Kaumuskulatur in Zusammenhang brachte. Das wundere sie nicht, sagte die Atemtherapeutin, als ich ihr meine Beschwerden schilderte, denn mein gesamter körperlicher Zustand, und vor allem mein Muskeltonus, zeichne sich durch eine enorme Verbissenheit aus. Ich sei, und das sage sie ganz ohne jeden Unterton, ein durch und durch verbissener Mensch. Ich sei gewissermaßen in mich selbst verbissen, und darum empfehle sie mir zur Vorbereitung und Stützung der Atemtherapie eine Akupunkturbehandlung bei einer ihr gut bekannten Heilpraktikerin, die nur einige Häuser weiter ihre Praxis betreibe und die ihr schon bei vielen ihrer hartnäckigsten Fälle behilflich gewesen sei. Wir einigten uns darauf, daß ich mich erst einmal einigen Nadelbehandlungen unterziehen solle, bevor die eigentliche sprech- und atemtherapeutische Arbeit beginne, und schon einige Tage später schraubte mir eine kleine rundliche Dame mit Kurzhaarschnitt ein Dutzend Nadeln in Stirn, Brustkorb, Ellenbogen, Oberschenkel und Fußgelenke. Die Nadeln taten insofern ihre Wirkung, als sie sich langsam erhitzten und kleine Brandwunden an den Einstichstellen hinterließen, was die Heilpraktikerin befriedigt zur Kenntnis nahm. Trotz der offensichtlichen Blitzableiterwirkung der Nadeln nahm der Kieferdruck beständig zu und führte zu chronischen Schmerzen im gesamten Schädelbereich, zumal ich den Druck durch beständiges Kauen, Pressen und Mahlen auszugleichen suchte, was die Schmerzen nur noch verstärkte. Die Heilpraktikerin schlug mir darum die Extraktion einiger Backenzähne vor. Sie begründete diesen Therapievorschlag mit den Forschungen eines gewissen Ernesto Adler, der die sogenannte Granulomtheorie entwickelt hatte. Adlers Theorie zufolge bildeten sich diese Granulome vorzugsweise unterhalb der Backenzähne und verursachten zahlreiche Beschwerden und Krankheiten. Allerdings seien, so Adler, die Granulome nicht die eigentlichen Ursachen dieser Beschwerden, sondern die menschlichen Zähne und in erster Linie die besonders tief sitzenden Backenzähne. Diese seien archaische Reste im menschlichen Gewebe, auf die das Nervensystem oftmals mit Abwehrreaktionen antworte, welche wiederum zu besagten Granulomen führten, die ihrerseits Schmerzen und Beschwerden aller Art auslösten. Würden die Zähne entfernt, dann würden logischerweise auch die Granulome und mit ihnen alle weiteren Beschwerden verschwinden. Zur Beweisführung legte mir die Heilpraktikerin ein Buch Ernesto Adlers vor, das zwar auf Spanisch verfaßt, aber mit zahlreichen Abbildungen von Röntgenaufnahmen der menschlichen Kiefer versehen war. Auf keiner der Abbildungen fehlten im Bereich der unteren und oberen Backenzähne kleine weiße Punkte und Flecken, und diese waren, so die Heilpraktikerin, die Granulome. Auch wenn mich die Abbildungen nicht restlos überzeugten und ich den Verlust der Zähne noch mehr fürchtete als die Kieferschmerzen, so war ich doch damit einverstanden, meinen Zahnarzt aufzusuchen, um mit ihm die Extraktion der Backenzähne zu besprechen. Der Zahnarzt weigerte sich allerdings, mir auch nur einen einzigen Zahn zu ziehen. Er meinte vielmehr, daß die Heilpraktikerin nicht bei Sinnen und eine Gefahr für ihre Patienten sei und daß er darüber nachdenke, eine Meldung bei der Aufsichtsbehörde zu machen. Zugleich empfahl er mir eine aus Kautschuk gefertigte Aufbißschiene; eine Empfehlung, die die Heilpraktikerin, die ich vom Ergebnis des Zahnarztbesuches unterrichtete, mit der abfälligen Bemerkung »Apparatemedizin« quittierte. Als ich der Heilpraktikerin erwiderte, daß es sich bei der Aufbißschiene um ein schlichtes mechanisches Hilfsmittel aus Kautschuk handele, keinesfalls um einen Apparat, sagte sie nur, daß ich mich über meine Kieferschmerzen nicht zu wundern hätte, sie jedenfalls wundere sich darüber nicht. Darauf sagte ich ihr, daß mir auch die Atemtherapeutin schon gesagt habe, daß ich mich über meine Kieferschmerzen nicht zu wundern hätte, was ich im übrigen auch nicht tue, wohl aber wunderte ich mich darüber, daß sie mich um meine gesunden Backenzähne bringen wolle, fürchtete ich doch nichts so sehr wie den Verlust der Zähne. Wenn es für mich so etwas wie eine Grundangst gab, dann war es die Angst vor Zahnverlust. Ich vermute sogar, sagte ich der Heilpraktikerin, daß es diese Angst vor Zahnverlust sei, die meine Kiefer in ihre mahlenden Bewegungen versetze und mir damit die Schmerzen bereite, deren Linderung ich mir von ihr erhofft habe. Doch statt mir meine Beschwerden zu nehmen, wolle sie mir meine

Zähne nehmen, was ich nicht nur für eine eklatante Fehlbehandlung hielte, sondern, um ganz offen und im Sinne Erich Neumanns zu reden, von dem die Heilpraktikerin noch nie etwas gehört hatte, für einen Kastrationsversuch. Als ich, ein wenig voreilig vielleicht und angestachelt von meiner Seminarlektüre, das Wort »Kastrationsversuch« ausgesprochen hatte, sagte die Heilpraktikerin erst einmal nichts. Dann ging sie in den Nebenraum und kehrte kurz darauf mit einer brennenden Zigarette in der Hand zurück. Noch ehe ich sie fragen konnte, wie sie denn das Rauchen mit ihrem Beruf vereinbare, sagte sie mit ziemlich lauter Stimme, daß sie es niemandem erlaube, ihr mit irgendwelchen Obszönitäten zu kommen. Ich könne denken, was ich wolle, und ich könne auch studieren, was ich wolle, aber beleidigen lasse sie sich nicht. Nun sagte ich erst einmal nichts, spürte aber so starke Schmerzen im Bereich der Kiefermuskulatur und des Gaumens, daß mir die Tränen in die Augen traten und ich nach einem Taschentuch griff. Das einzige, was sie für mich noch tun könne, sagte daraufhin die Heilpraktikerin in milderem Ton, sei eine Behandlung mit Stickstoff, die gewissermaßen das Gegenteil einer Akupunkturbehandlung sei. Denn mit Hilfe des Stickstoffs würden die neuralgischen Schmerz- und Knotenpunkte nicht elektroenergetisch entladen, sondern bis auf 195 Grad unter Null abgekühlt beziehungsweise vereist. Die Stickstofftherapie sei also nichts anderes als eine punktuelle und kurzfristige Kälteschockbehandlung, welche allerdings langfristige Folgen habe. Ich ging zum Schein und aus Schuldgefühl auf das Angebot der Stickstofftherapie ein, nahm aber den vereinbarten Termin nicht wahr, sondern suchte wieder die Atemtherapeutin auf, bei der ich mich bitter über die Heilpraktikerin beklagte, nicht ohne ihr zugleich mitzuteilen, daß mein Zahnarzt erwogen habe, eine

Meldung bei der zuständigen Aufsichtsbehörde zu machen. Daraufhin erwiderte die Atemtherapeutin aufgebracht und ohne die freundlich-schwebende Aufmerksamkeit, die ich sonst von ihr gewohnt war, daß sie mit Denunzianten, wie ich einer sei, nicht zusammenarbeiten wolle. Den einzigen Rat, den sie mir noch geben könne, sei der, mir meine Flausen aus dem Kopf zu schlagen. Dazu hatte ich insofern bald Gelegenheit, als mir einer meiner Kommilitonen vom Theaterwissenschaftlichen Institut eine Stelle als Aushilfskraft an dem damals renommiertesten der Berliner Theater vermittelte. Ich ignorierte meine Beschwerden und fand mich schon nach wenigen Wochen in Arbeitskleidung in den Räumen des am Ufer des Landwehrkanals gelegenen Theaters wieder. Nun war ich zwar nicht am Ziel, wohl aber am Ort meiner Träume. Ich wurde der Spätschicht zugeteilt, und meine Arbeit bestand darin, die schwarz ausgekleidete Bühne des gerade gespielten »Prinz von Homburg« vor der Vorstellung auf- und nach der Vorstellung wieder abzubauen. Die Zeit während der Vorstellung verbrachte ich mit meinen Kollegen biertrinkend in der Kantine. Der einzige Gewinn, den mir, abgesehen vom Geld, die Auf- und Abbauarbeit einbrachte, waren mehrere handgeschriebene und mit rotem Lack versiegelte Briefe des Prinzen von Homburg beziehungsweise seines prominenten Darstellers, der jeden Abend mit Feder und Tinte auf ein Blatt Büttenpapier die Zeilen schrieb: »Mein Theurer Kurfürst. Zum vorläufigen letzten Mal sehe ich alles ein und bitte um den Tod.« Der Brief blieb auf einem Sekretär liegen, und da sich niemand um ihn kümmerte, nahm ich ihn an mich und brachte mich so in den Besitz von einem Dutzend gleichlautender Autographen, von denen ich nicht wußte, ob ich sie als Originale oder als Fälschungen betrachten sollte. Außerdem hatte der regelmäßige Biergenuß, der mit der Theaterarbeit verbunden war, meine neurasthenischen Beschwerden zum Abklingen gebracht, was einerseits ein positiver Effekt war, andererseits aber den Nachteil hatte, daß sich ohne Bier meine Beschwerden um so heftiger wieder einstellten. Die insgesamt eintönige Theaterarbeit wurde durch die Vorbereitung eines neuen Stückes belebt, das den Titel »Die Hypochonder« trug und von dem ich mir einiges versprach. Zu meiner Enttäuschung wurde ich jedoch der Nachtschicht zugewiesen und hatte die Aufgabe, mit zwei anderen Aushilfsarbeitern die schwarzen Bühnenwände des »Prinzen von Homburg« in ein einheitliches Grau zu verwandeln. Wir verbrachten mehrere Nächte damit, die Bühnenwände grau zu streichen und Bier zu trinken. Als wir nahezu fertig waren, erschien gegen zwei Uhr morgens der Bühnenbildner mit dem Autor des Stückes, der zugleich Chefdramaturg des Theaters war. Beide trugen Sonnenbrillen, um sich vor dem hellen Arbeitslicht zu schützen, warfen einen Blick auf die grauen Wände und flüsterten kurz miteinander. Dann sagte der Bühnenbildner zu mir und meinen Kollegen, die wir leicht angetrunken und mit Farbe beschmiert auf den hohen und nicht sehr stabilen Bühnenleitern ausharrten: »Etwas heller bitte!« Da wir nicht den Mut hatten, den beiden Herren zu empfehlen, ihre Sonnenbrillen abzunehmen, und wir überdies stundenweise entlohnt wurden, machten wir uns erneut an die Arbeit. Die mehrtägige Verzögerung, die das nochmalige Streichen der Wände bedeutete, brachte ganz offensichtlich den Probenplan durcheinander, so daß wir unsere nächtlichen Malarbeiten mit der Gesellschaft einer Schauspielerin teilten, die sich, nachdem alle Lichter im Theater gelöscht waren und nur das Arbeitslicht auf der Bühne noch brannte, ihren einsamen Übungen unterzog. Während meine Kollegen eher unleidlich auf die Anwesenheit der Schauspielerin reagierten, mußten sie doch ihren ständigen Austausch von billigen Zoten und anzüglichen Bemerkungen einschränken, konnte ich mich von meiner Leiter aus an der Schauspielerin, die aufgrund ihrer sensiblen und hoch reizbaren Schauspielkunst einen gewissen Ruf hatte, nicht satt sehen. Sie trug einen blauen Overall, wie ein Mechaniker, darüber aber einen langen wehenden Seidenschal, der sicherlich zu ihrem Bühnenkostüm gehörte, und Turnschuhe, in denen sie wie auf Stöckelschuhen gehen konnte. Zumeist begann sie ihre Übungen mit einigen schnellen Schritten über die Bühne, denen ein plötzliches Verharren und eine ebenso ruckartige Kehrtwendung folgten. Nachdem sie sich auf diese Weise warm gelaufen und warm gebremst hatte, folgten ihre Rezitationen, die darin bestanden, daß sie sich darüber beklagte, eine Frau namens Elisabeth habe ihr einen gewissen Vladimir weggenommen. Immer wieder rief sie den Satz »Sie hat mir Vladimir weggenommen«, und sehr oft sagte sie auch »Käse? Niemals, der zerfrißt meine Luftpumpe«, um gleich darauf in ein hysterisches Lachen auszubrechen, was meine beiden Kollegen wiederum zu einem ziemlich blöden Grinsen veranlaßte. Mit Interesse folgte ich auch der Passage, in der sie sich über einen Mann äußerte, der nie etwas sagte, um, wie sie sagte, »seinen Sprechatem zu sparen«. Das kannte ich aus der Atemtherapie und war froh, es hier noch einmal zu hören. Besonders lange aber beschäftigte sie sich mit einem Satz, in dem ziemlich viele Zetts vorkamen, ein wahrer Zungenbrecher und zugleich von so großer suggestiver Bildkraft, daß ich erneut Kieferschmerzen bekam. Er lautete: »Weil es ihr nicht gelang, einen Fleischfaden aus einer Zahnlücke zu züngeln, zertrümmerte sie ihr Gebiß.« Das sagte sie sehr erregt und in einem hohen und schneidenden Ton. Dann schwieg sie einen Moment, warf den

Seidenschal über die Schultern, ging erst aufrecht und dann ein wenig gebeugt auf die andere Bühnenseite und sagte mit tiefer und ganz verwandelter Stimme: »So war Elisabeth.« Ich hätte der Schauspielerin noch lange zuhören können, sprach sie mir doch auf geheime Weise aus der Seele. Allerdings nahmen die einsamen Übungen der Schauspielerin ein ziemlich abruptes Ende, woran meine beiden Kollegen schuld waren. Diese konnten es sich nicht verkneifen, nachdem die Schauspielerin wieder einmal ihren zungenbrecherischen Satz vom aus der Zahnlücke zu züngelnden Fleischfaden geprobt hatte, in Bierlaune und von ihren Leitern herab mitten in die Sprechpause der Schauspielerin hineinzurufen: »So war Elisabeth.« Es dauerte einige Sekunden, bis die Frau begriffen hatte, was geschehen war. Sie zuckte zusammen, blickte mit zusammengekniffenen Augen und geblendet von den Arbeitslampen zu mir und meinen Kollegen herauf und schien sich erst jetzt wieder daran zu erinnern, daß sie nicht allein auf der Bühne war. Dann nahm sie ihre Stofftasche an sich, die sie am Bühnenrand abgelegt hatte, und verschwand. Am nächsten Abend teilte der Bühnenmeister mir und meinen Kollegen unsere fristlose Kündigung mit. Als Grund wurden uns Störung des Arbeitsfriedens und Belästigung einer weiblichen Mitarbeiterin genannt. Außerdem erhielten wir, eine Anweisung des Chefregisseurs, auf unbestimmte Zeit Hausverbot, was meine beiden Kollegen nicht sonderlich beeindruckte, mir aber, als Studenten der Theaterwissenschaft, in gewisser Weise die Ausbildungsgrundlage raubte, so daß ich mit der praktischen Theaterarbeit auch gleich das Studium der Theaterwissenschaft aufgab und in die Germanistik wechselte, wo ich mich in ein Proseminar mit dem Titel »Sprecherziehung und gesprochene Dichtung« einschrieb, das mir, laut Ankündigung im Vorlesungsverzeichnis, neben einer sprechgerechten Tiefatmung auch den Erwerb eines körperlich-nervlichen Sicherheitsgefühls in allen Redesituationen versprach.

Berliner Arbeiten

Meine erste Berliner Arbeit bestand darin, in einer Spandauer Getränkefabrik leere und zur Wiederverwendung bestimmte Mineralwasserflaschen zu kontrollieren. Nachdem ich die Arbeit morgens um sechs angetreten hatte, beendete ich sie um zwölf Uhr, um mich nach einer anderen umzusehen. Der für mich zuständige Vorarbeiter hatte mir bereits zwei Stunden nach Arbeitsbeginn prophezeit, daß ich in dieser Fabrik nicht alt werden würde, denn ich hatte darum gebeten, austreten zu dürfen. Zum Austreten, sagte der Vorarbeiter, seien die Pausen da. Nur in ganz dringenden Fällen dürften die Mitarbeiter auch während der Arbeitszeit austreten. Als ich dem Vorarbeiter sagte, daß es sich um einen dringenden Fall handele, wandte er sich an einen Mann im weißen Kittel und besprach mit diesem mein Anliegen. Schließlich kamen beide zu mir an das Band, und der Mann im weißen Kittel sagte, daß die Mitarbeiter in dringenden Fällen austreten dürften, daß mein Platz am Band aber nicht unbesetzt sein dürfe und er deshalb einen Vertreter für mich suchen müsse. Der Vertreter sei ein sogenannter Springer, der für diese Abteilung zuständige Springer sei aber anderswo eingesetzt und nicht abkömmlich. Also müßte nicht nur für mich, sondern auch für den normalerweise für mich einspringenden Springer ein Ersatzmann gefunden werden, und am Ende gerate der Produktionsablauf durcheinander, darum rate er dringend, mich bis zur Mittagspause zu gedulden. Ohne eine Antwort abzuwarten, verließen mich die beiden Männer, so daß ich nach einiger Zeit erneut den Vorarbeiter zu mir rief und mein Ansinnen wiederholte. Darauf sagte der Vorarbeiter, daß er niemandem verbieten könne auszutreten, daß ich aber, das könne er mir jetzt schon prophezeien, in diesem Betrieb nicht alt würde. Nach ungefähr zwanzig Minuten löste mich ein junger Mann ab, bei dem es sich um den anderweitig eingesetzten Springer handeln mußte. Ich suchte die Toilette auf, erleichterte mich, kehrte an das Band zurück und spürte bereits nach kurzer Zeit einen ebenso großen Harndrang wie zuvor, so daß mir nichts anderes übrigblieb, als den Vorarbeiter ein weiteres Mal um eine Pause zu bitten, worauf dieser schweigend davonging und mit dem Abteilungsleiter sowie dem Springer zurückkehrte, der auch sofort meinen Platz einnahm. Der Abteilungsleiter sagte, daß ich zuerst die Toilette aufsuchen und danach in sein Büro kommen solle, um die Arbeitspapiere abzuholen. Ich könne aber auch, so der Abteilungsleiter, zuerst in sein Büro kommen und danach die Toilette aufsuchen. Wenn ich allerdings zuerst in sein Büro käme, könne ich nicht mehr die Betriebstoilette aufsuchen, denn dann sei ich eine fristlos gekündigte Aushilfskraft und hätte umgehend das Betriebsgelände zu verlassen. Daraufhin antwortete ich, daß ich zuerst die Toilette aufsuchen und danach in sein Büro kommen wolle, worauf er sagte, daß er mir das nicht verbieten könne, denn es gebe das von der Gewerkschaft und vom Betriebsrat durchgesetzte Recht, daß ein Mitarbeiter in dringenden Fällen auch während der Arbeitszeit die Toilette aufsuchen dürfe, und solange er mir die Papiere noch nicht ausgehändigt habe, würde dieses Recht auch für mich gelten. Daraufhin ging ich zuerst auf die Toilette und nahm dann die Papiere in Empfang, die mir der Abteilungsleiter nicht persönlich übergab, sondern von einer Sekretärin aushändigen ließ. Am nächsten Tag suchte ich in aller Frühe das Arbeitsamt für kurzfristige Arbeitsvermittlungen in der Nähe des Funkturms auf, wo ich für einen Ein-Tages-Job eingeteilt wurde, der noch am selben

Tag beginnen sollte. Bei dem Ein-Tages-Job handelte es sich um einen Einsatz in den unterirdischen Lebensmittellagern der Stadt. Ein Kleinbus brachte mich und meine Kollegen ins nördliche Moabit, wo wir auf dem Gelände eines Güterbahnhofes von einem Senatsmitarbeiter empfangen wurden, der uns in die Arbeit einweisen sollte. Der Senatsmitarbeiter führte uns in den verwahrlosten hinteren Teil des Geländes zu einem Eisentor, das sich unter einer mit Unkraut bewachsenen und baufälligen Laderampe befand. Bevor er das Tor öffnete, sagte er, daß wir uns vor einem der Lebensmittel- und Vorratslager befänden, die der Senat angelegt habe, um im Falle einer neuerlichen Berlin-Blokkade über genügend Vorräte zu verfügen. Diese Lebensmittel- und Vorratslager gebe es in verschiedenen Bezirken der Stadt, und wir seien gehalten, dies als eine vertrauliche Information zu betrachten. Dann öffnete er das Tor und führte uns in ein unterirdisches Gewölbe, das mit weiteren unterirdischen Gewölben verbunden war, in denen nicht nur Lebensmittel, sondern auch Fahrräder, Wolldecken und Klosettschüsseln aufbewahrt wurden. Am meisten interessierte mich und meine Kollegen das Gewölbe mit den Fahrrädern, die hier zu Hunderten mit längsgestelltem Lenker und in Pappe verpackt auf die nächste Berlin-Blokkade warteten. Sehr zur Enttäuschung meiner Kollegen, die ebenso wie ich bereits über den Gratiserwerb eines dieser Fahrräder nachgedacht hatten, verließen wir das Fahrradlager wieder und wurden in das sogenannte Konservenlager geführt, in dem Tausende Zwanzig-Kilo-Dosen mit Marmelade, Gurken und Sauerkraut lagerten. Diese Dosen wurden regelmäßig erneuert, und unsere Arbeit sollte darin bestehen, die alten Marmeladedosen hinaus- und neue Marmeladedosen hineinzutragen. Auf unsere Frage, woran die alten Marmeladedosen zu erkennen seien, sagte der Senatsmitarbeiter, daß alle Marmeladedosen in diesem Lager alte Marmeladedosen seien und daß wir also alle Marmeladedosen hinauszutragen und gegen neue Marmeladedosen auszutauschen hätten. Am deutlichsten würde man es den Marmeladedosen mit den Rostschäden ansehen, daß es sich um alte Marmeladedosen handle. Es gehe aber keinesfalls darum, nur die Dosen mit den Rostschäden auszutauschen, sondern alle Marmeladedosen. Er betone dies so deutlich, sagte der Senatsmitarbeiter, weil beim letzten Arbeitseinsatz die von einer studentischen Arbeitsvermittlung vermittelten Arbeitskräfte nur die Dosen mit den Rostschäden ausgetauscht hätten, was zu einem ziemlichen Durcheinander und einer erheblichen Mehrarbeit geführt habe. Das habe natürlich daran gelegen, daß es sich damals ausschließlich um studentische Hilfskräfte gehandelt habe. Den studentischen Hilfskräften sei es gegen den Strich gegangen, auf den ersten Blick intakte Marmeladedosen gegen andere Marmeladedosen auszutauschen, und er habe ihnen lang und breit erklären müssen, daß es sich nicht nur um ein Lagerungsproblem, sondern auch um ein politisches Problem handele. Es sei in der Tat so, und er gebe dies auch ganz offen zu, daß bei dem Austausch der verschiedenen Lebensmittel immer auch unverdorbene Lebensmittel ausgetauscht werden müßten. Das habe damit zu tun, daß diese unverdorbenen Lebensmittel nach einer gewissen Lagerzeit als verdorbene anzusehen seien, denn der realen Lagerzeit müsse immer noch die Zeit hinzugerechnet werden, die er die potentielle Lagerzeit nenne. Die potentielle Lagerzeit sei die Zeit, die die Ware, wenn sie im unverdorbenen Zustand nicht ausgetauscht würde, bis zum nächsten regulären Austausch oder aber einer eventuellen Berlin-Blockade hier lagere. Dies sei, so der Senatsmitarbeiter, kein Problem, wenn beispielsweise und einmal auf unseren

Fall bezogen morgen eine Berlin-Blockade verhängt würde. Wenn morgen eine Berlin-Blockade verhängt würde, stünden die heute ausgetauschten Lebensmittel eben morgen für die Versorgung der Bevölkerung bereit. Wenn die Berlin-Blockade aber nicht einen Tag nach dem regulären Austauschtermin, sondern einen Tag vor dem regulären Austauschtermin verhängt würde, dann sei dies weitaus problematischer, da die Lebensmittel wohl noch nicht gänzlich verdorben seien, die Verfallsgrenze aber schon überschritten hätten. Und logischerweise würde die Bevölkerung während einer Berlin-Blockade nicht an einem einzigen Tag mit allen zur Verfügung stehenden Lebensmitteln versorgt werden, sondern nach und nach. Dies gelte insbesondere für Marmelade, die man sich schließlich nicht kiloweise aufs Brot schmieren wolle oder könne. Denn der reguläre Austauschtermin sei so terminiert, daß nicht alle, wohl aber einige der Lebensmittel bereits schadhaft seien, wenn sie ausgetauscht würden. Denn erstens ließen sich ein Austausch und die damit notwendigerweise einhergehende Vernichtung von gänzlich unverdorbenen Lebensmitteln politisch nicht durchsetzen, und zweitens sei es auch höchst unwahrscheinlich, daß eine Berlin-Blokkade ausgerechnet einen Tag vor dem nächsten fälligen Austauschtermin verhängt würde. Dann überließ uns der Senatsmitarbeiter unserer Arbeit, die darin bestand, daß wir die alten Marmeladedosen bis vor das Eisentor schleppten und auf Holzpaletten stapelten, welche dann von einem Gabelstapler abgeholt und weiterverladen werden sollten. Die Arbeit war insofern äußerst anstrengend, als die Dosen nicht nur schwer und unhandlich waren, sondern auch mit einem klebrigen Marmeladefilm versehen. Etliche Dosen waren schon so weit durchgerostet, daß die Marmelade aus ihnen heraustropfte, was einige meiner Kollegen wiederum so gegen die Marmeladedosen einnahm, daß sie diese nicht auf die Palette stapelten, sondern ungeniert auf den Boden neben die Palette fallen ließen, so daß sie an den bereits durchgerosteten Schweißnähten aufplatzten. Auch die Tatsache, daß es sich bei der Marmelade ausschließlich um Erdbeermarmelade handelte, wirkte sich nachteilig auf die Stimmung meiner Arbeitskollegen aus. In gewisser Weise fühlten sie sich von der Aussicht, im Notfall nur mit einer einzigen Marmeladensorte versorgt zu werden, persönlich gekränkt, was zur Folge hatte, daß sich mit der Zeit ein ansehnlicher Blech- und Marmeladehaufen vor dem Eingang des Lagerraums auftürmte. Der Unmut meiner Kollegen kam mir insofern entgegen, als ich mir schon nach dem Transport der dritten Dose ein Lendenwirbelsyndrom zugezogen hatte, welches mir mit jeder weiteren Dose mehr zu schaffen machte. Wobei das Problem nicht so sehr der Transport der Dose als vielmehr das Aufheben und Absetzen war. Auf schmerzfreie Weise konnte ich die Dose nur noch aufheben, wenn ich es vermied, mich zu bücken, und statt dessen in die Knie ging, mir die Dose über die Knie und die Oberschenkel in den Schoß rollte und mich langsam in möglichst aufrechter Haltung mit der vor den Bauch gepreßten Dose wieder aufrichtete. Auf diese Weise bewältigte ich den Weg aus dem Lagerraum über einige Treppenstufen bis hinaus vor das Eisentor ohne allzu große Beschwerden. Das Absetzen der Dose aber war nur ohne Schmerzen möglich, wenn ich mit gestrecktem Rücken in die Knie ging und die Dose über die Oberschenkel hinabrollen ließ. Mit dieser Methode erreichte ich jedoch nur den äußersten Rand der Palette, konnte sie also nur anwenden, wenn die Palette bereits bis auf die letzte Reihe bepackt war. Insofern blieb mir schon aus gesundheitlichen Gründen nichts anderes übrig, als mich meinen Kollegen anzuschließen und die Dosen ohne weitere Umstände auf den Blech- und Marmeladehaufen fallen zu lassen, der inzwischen beträchtlich an Höhe und Umfang gewonnen hatte. Das weitere Anwachsen des Blech- und Marmeladeberges wurde durch die Ankunft des Transporters unterbrochen, der die alten Marmeladedosen abholen sollte. Allerdings weigerte sich der Fahrer, auch nur eine einzige der Marmeladedosen anzurühren, weder die auf den Paletten und schon gar nicht die des Blech- und Marmeladeberges. Der Fahrer des Transporters nannte das Ergebnis unserer Arbeit eine Jahrhundertschweinerei, und an dieser Jahrhundertschweinerei wolle er sich nicht beteiligen. Er werde vielmehr seinen Vorgesetzten von dieser Jahrhundertschweinerei in Kenntnis setzen. Dann bestieg er den Transporter und fuhr davon. Kurz darauf traf der Transporter mit den neuen Marmeladedosen ein, und meine Kollegen und ich hielten uns bereit, den Wagen abzuladen. Als der Fahrer des Transporters den Blech- und Marmeladeberg vor dem Eingang des Lagerraums entdeckte, sagte er, daß eine Jahrhundertsauerei wie diese ihm noch niemals vorgekommen sei und daß er sich weigere, uns auch nur eine einzige der neuen Marmeladedosen auszuhändigen. Dann wendete er seinen Wagen und fuhr ebenfalls davon, so daß meine Kollegen und ich die freie Zeit für die Mittagspause nutzen konnten. Ich aß meine mitgebrachten Brote, die meisten der Kollegen tranken ihr mitgebrachtes Bier, sofern ihre Vorräte nicht schon aufgebraucht waren, andere machten sich zum nächsten Imbißstand auf, um Nachschub heranzuschaffen. Die Mittagspause hätte sich weit in den Nachmittag ausgedehnt, wäre nicht der Senatsmitarbeiter aufgetaucht, der uns allen, nach einem kurzen Blick auf den Blech- und Marmeladeberg und mit hochrotem Kopf, die Kündigung aussprach. Aus einer Geldkassette, die er vom Rücksitz seines Wagens nahm, zahlte er mich und meine Kollegen an Ort und Stelle aus, wir quittierten und zogen davon, nicht ohne noch einmal der Fahrräder unter der Moabiter Erde zu gedenken. Ich hatte einen halben Tag gearbeitet und konnte von dem verdienten Geld ein warmes Mittagessen und die Reinigung meiner verklebten Arbeitskleidung bezahlen. Außerdem war ich zu der Überzeugung gekommen, daß ich für körperliche Arbeit nicht geschaffen sei und mich besser nach etwas anderem umsähe. Allerdings vermittelte das Arbeitsamt für kurzfristige Arbeitsvermittlungen nur körperliche Arbeiten, so daß ich mich bei der studentischen Arbeitsvermittlung einfand, die auch geistige Arbeiten vermittelte. Geistige Arbeiten waren allerdings ungleich gefragter als körperliche Arbeiten, und die Aussicht, über die studentische Arbeitsvermittlung einen Job zu bekommen, der die Lendenwirbel schonte und das Hirn in Bewegung hielt, war weitaus geringer, als einen Job am Arbeitsamt für kurzfristige Arbeitsvermittlungen zu bekommen. Hier genügte es in der Regel, rechtzeitig, das heißt morgens zwischen fünf und halb sechs, eine Wartenummer zu ziehen und bei Aufforderung einen Vermittlungsantrag zu unterschreiben. Wer dazu in der Lage, nicht älter als dreißig und darüber hinaus noch nüchtern war, gehörte zu den Kandidaten, die mit Sicherheit für diesen Tag vermittelt wurden. Während beim Arbeitsamt für kurzfristige Arbeitsvermittlungen die wenigsten Bewerber unter dreißig und nüchtern waren, waren bei der studentischen Arbeitsvermittlung so gut wie alle Bewerber unter dreißig und nüchtern. Insofern war die Konkurrenz groß und die Wartezeit lang. Während des Wartens konnte man immer wieder Hinweise und Informationen über Arbeitsmöglichkeiten erhalten und, wenn man Glück hatte, sogar einen Job vermittelt bekommen. Ich hatte Glück und erhielt von einem Kommilitonen die Telefonnummer der Forschungs- und Versuchsabteilung eines großen Pharmakonzerns. Schon zwei Tage später fuhr ich in den Wedding, um einen Vorstellungstermin in dem Pharmakonzern wahrzunehmen. Nachdem ich mich zusammen mit meinen Mitbewerbern in einen Warteraum begeben und mir mit Hilfe der Werbebroschüren des Konzerns einen Eindruck von seiner Vorreiterrolle bei der Entwicklung eines weltweit vertriebenen Ovulationshemmers verschafft hatte, begrüßte uns ein noch recht jugendlich wirkender älterer Herr, der sich als Leiter der Forschungsabteilung für Wundsalben vorstellte. Er führte uns in den sogenannten Konferenzraum, wo wir nicht nur mit Kaffee und Tee, sondern auch mit belegten Broten bewirtet wurden. Der Laborleiter kam ohne lange Vorreden zur Sache und erklärte den essenden und trinkenden Bewerbern, daß ihre Arbeit darin bestehe, sich für eine im übrigen absolut harmlose und nur der Vollständigkeit halber durchzuführende Wundsalbenversuchsreihe zur Verfügung zu stellen. Bevor er uns Näheres dazu sagen und auch auf Detailfragen eingehen wollte, nannte er uns erst einmal das Honorar. Der Tagesverdienst bei dem Pharmakonzern entsprach ziemlich genau dem Wochenverdienst, den man als Hilfskraft in den unterirdischen Senatslagern erhielt, außerdem gab es verschiedene Zulagen und freie Verpflegung, so daß ich auf nähere Informationen und die Beantwortung weiterer Detailfragen verzichtete. Nachdem ich einen Bewerbungsbogen ausgefüllt und verschiedene Formulare unterschrieben hatte, erhielt ich von der Sekretärin des Laborleiters einen Arbeitsvertrag, der mich für eine viertägige Wundsalbenversuchsreihe verpflichtete. Zusammen mit zwei weiteren männlichen und zwei weiblichen Probanden trat ich drei Tage später die Arbeit an. In dem Labor für Wundsalbenforschung begrüßte uns diesmal nicht der jugendlich wirkende ältere Laborleiter, sondern ein jüngerer, aber gar nicht jugendlich wirkender Assistent des Laborleiters. Der Assistent ließ uns auch diesmal mit Kaffee, Tee und Broten bewirten und erläuterte uns während des Frühstücks Sinn und Zweck der Wundsalbenversuche. Die Versuche dienten dazu, aus einer Reihe verschiedener neuer Salben die mit den schnellsten Heilwirkungen herauszufinden. Unsere Arbeit sollte einzig darin bestehen, uns verschiedene dieser, im übrigen längst in Tierversuchen gründlich erprobter Salben auftragen und nach einiger Zeit wieder abnehmen zu lassen. Die einzige Schwierigkeit sei hierbei, so der Assistent, daß man die Wirkung der Wundsalben sinnvollerweise nur auf wunder Haut testen könne. Deshalb müßten wir diese kleine Unbequemlichkeit in Kauf nehmen und uns einige wunde Hautpartien beibringen lassen, was nicht weiter schlimm wäre und im übrigen ja auch sogleich behandelt würde. Dann wurden wir aufgefordert, den Oberkörper frei zu machen, und eine Mitarbeiterin des Labors begann damit, uns wunde Hautstellen beizubringen. Dies geschah mit Hilfe von Klebeband, das sie sorgsam auf den Rücken klebte, um es dann mit einem Ruck wieder abzureißen. Das wiederholte sie so häufig, bis sich ein roter entzündeter Hautstreifen bildete. Insgesamt brachte sie mir und den anderen Probanden jeweils vier breite und von oben nach unten verlaufende entzündete Hautstreifen bei. Diese Streifen wurden wiederum mit einem quadratischen Stempel in jeweils sechs Felder aufgeteilt, und die Felder wurden mit einem Stift numeriert, so daß jeder von uns vierundzwanzig entzündete und numerierte Hautfelder auf dem Rücken hatte. Dann wurden die einzelnen Hautfelder von einem eigens herbeigerufenen Fotografen fotografiert, um gewissermaßen ihren Rohzustand zu dokumentieren.

Schließlich bestrich die Assistentin die jeweils vierundzwanzig verschiedenen entzündeten Hautfelder mit vierundzwanzig verschiedenen und noch in der Erprobungsphase befindlichen Wundsalben, wobei die Salbe Nummer 1 auf das Feld Nummer 1 und die Salbe Nummer 2 auf das Feld Nummer 2 gestrichen wurde. Nachdem alle unsere vierundzwanzig Hautfelder auf diese Weise mit vierundzwanzig Wundsalben versorgt waren, blieb uns nichts anderes zu tun, als bis zum Abend abzuwarten. Wir konnten die Abteilung nicht verlassen, da wir unbekleidet bleiben mußten; wer sich auf eine der bereitgestellten Liegen legen wollte, der mußte dies in Bauchlage tun, für alle anderen standen gepolsterte Hocker bereit. Die Wartezeit vertrieben wir uns mit Lesen, Kartenspielen und dem Mittagessen, welches uns von der Betriebskantine in Warmhaltebehältern geliefert wurde; und immer wieder spekulierten wir über die Heilungsprozesse auf unseren entzündeten Rückenstreifen. Einige von uns fragten sich, ob es sich bei den Entzündungen, die uns durch das wiederholte Abreißen der Klebestreifen beigebracht worden waren, nicht in Wahrheit um Verbrennungen handele. Schließlich entsteht durch Reibung Hitze, und vielleicht war der Wundsalbentest in Wahrheit ein Brandsalbentest. Andere wiederum waren der Meinung, daß die Abreißwunden nichts anderes als Schürfwunden seien, also zuallererst durch mechanische Einwirkung verursachte Wunden, worauf wiederum eingewandt wurde, daß auch Schürfwunden zu einem nicht unbeträchtlichen Teil Brandwunden seien, denn je heftiger der Schürfvorgang, um so stärker die dabei entstehende Hitze. Der Laborassistent, der uns am Nachmittag einmal kurz aufsuchte, um uns auf die bevorstehende Salbenabnahme vorzubereiten, antwortete auf unsere Frage nach dem speziellen Charakter der Hautwunden, es handele sich hierbei um so etwas wie einen durch mechanische Einwirkung hervorgerufenen Sonnenbrand. Alle weiteren Fragen, so der Assistent, würde uns der Laborleiter beantworten, den wir aber nicht mehr zu Gesicht bekommen hatten. Auch am Abend erschienen nur noch die für das Beibringen der Hautwunden zuständige junge Frau und der Fotograf. Die Frau entfernte mit einem Schaber die Salbe von den jeweiligen Feldern, und der Fotograf machte die entsprechenden Fotografien. Damit waren wir für diesen Tag entlassen, mußten uns aber zur Fortsetzung der Behandlung am nächsten Tag wieder einfinden. Die nächsten beiden Tage waren insofern leichter als der erste, als uns keine neuen Schürf- beziehungsweise Brandwunden beigebracht wurden und wir nur noch der Wundversorgung, der Blutabnahme und der Dokumentation halber das Labor aufsuchen mußten. Erst am Ende unseres letzten Labortages tauchte der Chef des Labors wieder auf, um ein letztes Mal unsere noch immer von vier roten Striemen gezeichneten Rücken zu betrachten. Er hatte keine Beanstandungen zu machen, gab jedem von uns eine Tube mit der zur Zeit gängigen, aber anscheinend verbesserungsbedürftigen konzerneigenen Wundsalbe zur selbständigen Weiterbehandlung und empfahl uns, bei eventuell auftretenden Beschwerden, die aber so gut wie ausgeschlossen seien, den Hautarzt aufzusuchen. Der Hautarzt, den ich drei Tage nach dem Ende der Laborversuche aufsuchte, versorgte mich mit einer mir bisher noch unbekannten Salbe und mehreren Tetanusspritzen und wollte wissen, ob ich mir die entzündeten Rückenstriemen bei irgendwelchen sexuellen Ausschweifungen zugezogen hätte, was ich guten Gewissens verneinen konnte. Das Honorar des Pharmakonzerns erlaubte mir eine längere Erholungspause, die ich zum Schlafen, Lesen und täglichen Duschen im Schöneberger

Stadtbad nutzte. Im Duschraum des Bades erregte ich mit meinen noch immer deutlich sichtbaren roten Striemen auf dem Rücken das Interesse eines neben mir duschenden Herrn, der von sich behauptete, ein guter Bekannter des Chefdirigenten der Berliner Philharmoniker zu sein. Da ich wußte, daß man dem damaligen Chefdirigenten der Berliner Philharmoniker nachsagte, in seiner Garderobe über ein Badezimmer mit goldenen Wasserhähnen zu verfügen, mißtraute ich dem Mann, der offenbar ebenso wie ich auf eine öffentliche Dusche angewiesen war. Andererseits besaß der angebliche Bekannte des Chefdirigenten insofern eine gewisse Glaubwürdigkeit, als er sich in der Philharmonie gut auszukennen schien. Am besten kannte er sich in der Kantine und bei den Türschließern aus, bei denen es, wie er mir sagte, eine große Fluktuation und demzufolge immer Bedarf an neuen Arbeitskräften gebe. Ich brauchte mich nur bei einer bestimmten Dame im Untergeschoß der Philharmonie vorzustellen, und er sei sicher, daß ich den Job bekäme. Die Dame im Untergeschoß der Philharmonie, bei der ich daraufhin vorsprach, war die Chefin der Garderoben- und Toilettenfrauen sowie der Kartenabreißer und Türschließer. Sie stellte mich ohne lange Nachfragen als Türschließer ein, wies mir einen Spind zu und übergab mir die sogenannte Dienstkrawatte mit einem aufgestickten Berliner Bären. Die Arbeit in der Philharmonie war insofern enttäuschend, als ich als Türschließer nie die Gelegenheit bekam, auch nur einen Ton Musik zu hören, da es sich bei den zu schließenden Türen um schalldichte Türen handelte. Zudem war es den Türschließern bei Androhung der fristlosen Kündigung untersagt, sich nach dem Schließen der Türen innerhalb des Konzertraums aufzuhalten. Einzig die Tür, die das Orchesterpodium mit der Kantine verband, erlaubte es dem dort postierten Türschließer, das Konzert über einen kleinen Lautsprecher zu verfolgen, der oberhalb der Podiumstür angebracht war. Der Lautsprecher hatte die Größe und die Klangqualität eines Transistorradios und verwandelte das nur wenige Meter entfernt stattfindende Philharmoniekonzert in ein rauschendes und knisterndes Taschenradiogeräusch. Außerdem gehörte der Lautsprecher in den Machtbereich des Orchesterwarts, dem der Anblick eines musikhörenden Türschließers solche Pein bereitete, daß er das Abstellen des Lautsprechers verfügte. Der Orchesterwart empfand gegenüber den Türschließern eine geradezu instinktive Feindschaft, wobei diese Feindschaft um so größer wurde, je näher der jeweilige Türschließer dem Orchester war. Da ich mich vorzugsweise zum Dienst an der Podiumstür mit dem Lautsprecher einteilen ließ, war ich der dem Orchester am nächsten postierte und damit vom Orchesterwart am meisten gehaßte Türschließer. Glücklicherweise ging das Orchester und mit ihm der Orchesterwart immer wieder auf längere Auslands- und vor allem Japanreisen, während im Gegenzug auswärtige Orchester im Haus gastierten. Da die auswärtigen Orchester allesamt verträgliche und an dem Lautsprecher über der Podiumstür gänzlich uninteressierte Orchesterwarte hatten, konnte ich während der Auslandsreisen der Philharmoniker unbeschwerte Konzertabende genießen, die ich mir zuweilen noch dadurch verschönte, daß ich die Podiumstür einen Spalt öffnete und auf diese Weise in den Genuß des Originalklangs kam. Aufgrund der immensen Auslandserfolge der Berliner Philharmoniker hatte ich mich mit der Arbeit an der Podiumstür einigermaßen arrangiert und wäre ihr gewiß noch länger treu geblieben. Allerdings fanden nicht nur philharmonische Gastkonzerte in der Philharmonie statt, sondern auch Unterhaltungs- und Jazzkonzerte, bei denen die hauseigenen Türschließer mit auswärtigen Türschließern und anderem auswärtigen Personal kooperieren mußten, was regelmäßig zu Reibereien führte. In eine dieser Reibereien war auch ich verwikkelt, als ich während eines Gastspiels der Lionel Hampton Big Band meinen Dienst an der Orchesterpodiumstür versah und hierbei mit dem Orchesterwart der Band in Streit geriet. Die Band bestand vorwiegend aus alten schwarzen Musikern, und das Personal der Band bestand ebenfalls aus alten schwarzen Männern, wobei der Orchesterwart einer der ältesten von ihnen zu sein schien, ich schätzte ihn auf annähernd achtzig. Doch nicht nur die Musiker und das Personal, auch die Bühnenkleidung, die Instrumentenkoffer und die Dekorationsgegenstände der Band machten einen stark überalterten Eindruck. Besonders ramponiert und altersschwach waren die mit silbernen Sternen und dem Porträt des Bandleaders beklebten Pappständer, die vor jedem Musiker aufgestellt wurden, so daß der Orchesterwart mit ihrer Aufstellung alle Mühen hatte. Solange der Orchesterwart mit dem Aufstellen der Pappschilder beschäftigt war, hatte ich keine Probleme mit ihm. Die bekam ich jedoch, nachdem das Konzert angefangen und der Orchesterwart es sich auf dem Bühnenboden hinter der Podiumstür mit etlichen Dosen Bier und einem Päckchen Zigaretten bequem gemacht hatte. Das Rauchen war innerhalb des Konzertsaales und erst recht auf dem Podium verboten, und das Rauchverbot war durch Aufkleber an Wänden und Podiumstür deutlich angezeigt. Außerdem war eigens für das Jazzkonzert noch ein großer kreisrunder Rauchverbotsaufkleber auf dem Bühnenboden direkt hinter der Podiumstür angebracht. Und auf eben diesem Aufkleber hatte sich der Orchesterwart niedergelassen und zu rauchen begonnen. Als ich ihn auf das Rauchverbot und das Schild unter ihm aufmerksam machte, rief er mir nur ein paar unverständliche Buchstaben zu, so etwas wie »m'fkja«, was ich als original New Yorker Slang deutete und mit einer gewissen Dankbarkeit entgegennahm. Als ich ihn kurz darauf, nachdem er ungehemmt weitergeraucht hatte, nochmals auf das Rauchverbot aufmerksam machte, nahm er nicht mal mehr die Zigarette aus dem Mund, um mir das gleiche noch einmal entgegenzuzischen, was mich nun doch beleidigte, so daß ich die Podiumstür ohne ein weiteres Wort wieder schloß. Meine Intervention hatte immerhin den Effekt, daß der Mann die Zigarettenkippe nicht, wie befürchtet, auf dem edlen Holzfußboden ausdrückte, sondern sie durch den Türspalt in meine Richtung schnippte, wo ich sie aufsammelte und entsorgte. Das tat ich auch mit einer Reihe weiterer Zigarettenkippen, die durch den Türspalt flogen, bis auf eine einzige, die der Mann nicht hinausgeschnippt, sondern nur durch den Türspalt geschoben hatte und die direkt neben meinem Stuhl, aber außerhalb meiner Sichtweite vor sich hin glühte. Sie glühte auch dann noch, als meine Chefin, die Dame aus dem Untergeschoß, ihren Kontrollgang machte und mir Schadenersatz für den verbrannten Fußboden androhte und meine fristlose Kündigung aussprach. Als ich ihr sagte, daß nicht ich, sondern der Orchesterwart hinter der Podiumstür für die Kippe verantwortlich sei, öffnete sie die Tür einen Spalt, lauschte dem Vibraphon Lionel Hamptons, ließ auch mich durch den Türspalt schauen, zeigte auf den großen Rauchverbotsaufkleber, der unübersehbar und ganz ohne Orchesterwart auf dem Fußboden prangte, und sagte, daß während ihrer gesamten Dienstzeit noch nie auf dem Podium der Berliner Philharmoniker eine einzige Zigarette geraucht worden sei und daß auch heute abend niemand, nicht einmal Louis Armstrong persönlich, auf dem Podium rauchen dürfe, und schon gar nicht ein hergelaufener Orchesterwart, der sich im übrigen auch nicht auf dem Podium aufhalte. Der Orchesterwart war in der Tat nirgends zu entdecken, auch die Bierdosen und die Zigaretten waren verschwunden, und ich hatte nur noch die Ablösung abzuwarten, um meinen Dienst vorzeitig zu beenden. Da ich keine Eintrittskarte besaß, konnte ich mir nicht einmal den Rest des Konzertes anhören, zumal meine Kollegen an den Saaltüren strikte Anweisung hatten, keinen ihrer Kollegen in den Saal zu lassen. Mir blieb nichts anderes zu tun, als ein letztes Mal durch die Kantine zu den Spindräumen zu gehen und das Haus durch den Künstlereingang genannten Hinterausgang zu verlassen. Daß der schwarze Orchesterwart in der Kantine ungerührt am Tresen saß, ein Bier vor sich und eine Zigarette im Mund, hatte ich wohl noch bemerkt, doch es ging mich schon nichts mehr an.

Am Großen Wannsee

Während wir von der Königstraße in die leicht abschüssige Straße Am Großen Wannsee einbogen, sagte der Schriftsteller, daß er, der als Kind aus Deutschland geflüchtet war und nun in Paris lebte, Ausstellungen dieser Art normalerweise nicht besuche. Aber auf der Wannseekonferenz sei schließlich auch über das Schicksal seiner Eltern und damit in gewisser Weise auch über sein eigenes Schicksal entschieden worden. Noch bevor wir die Villa der Wannseekonferenz erreicht hatten und an Yachtklubs, Privatkliniken und Gründerzeitvillen vorbeigingen, überholten uns zahlreiche Jugendliche, die, so vermuteten wir, ebenfalls auf dem Weg zur Ausstellung waren. Das schlimmste, sagte der Schriftsteller, seien Ausstellungen voller Schulklassen und Jugendgruppen. Allein wegen der Schulklassen und Jugendgruppen sei er schon seit Jahren nicht mehr im Louvre gewesen, ja, er meide die gesamte Pariser Innenstadt, und dies vor allem wegen der Schulklassen und Jugendgruppen. Er habe, sagte der Schriftsteller, eine geradezu instinktive Abneigung gegen Schulklassen und Jugendgruppen, obwohl er mehr als drei Jahrzehnte an einem Pariser Lyzeum Deutsch unterrichtet habe. Allerdings habe er niemals an einem Schulausflug teilgenommen, es sei ihm immer gelungen, von der Teilnahme an Schulausflügen befreit zu werden, was natürlich auch dem Umstand zu verdanken war, daß er als Deutschlehrer keine regulären Klassen gehabt habe, sondern nur einzelne Schüler. Denn Deutsch sei an französischen Oberschulen noch immer ein Minderheitenfach, die meisten Schüler lernten lieber Chinesisch oder sonstwas. Und deshalb habe er es immer nur mit einzelnen Schülern zu tun gehabt und niemals mit ganzen Klassen.

Wobei eine Schulklasse, die auf Stühlen sitzt und sich mit Büchern beschäftigt, etwas völlig anderes sei als eine Schulklasse, die durch Straßen und Museen lärme. Eine außerhalb eines Raumes sich befindende Schulklasse sei immer etwas Barbarisches, wogegen eine lernende und arbeitende Schulklasse eine Vorstufe der Zivilisation sei, sagte der Schriftsteller. Nachdem wir unsere Mäntel im Untergeschoß in eigens dafür eingerichteten und mit einem Münzmechanismus versehenen Schränken eingeschlossen hatten, suchten wir die Ausstellungsräume auf, in denen sich nur sehr wenige Informationen zur Wannseekonferenz selbst, doch zahlreiche zu deren Auswirkungen fanden. Großformatige Fotos von Verhafteten und zur Deportation Zusammengetriebenen fanden sich dort, Fotos von Männern und Frauen kurz vor der Exekution, darunter eines mit Porträts von drei alten Männern, die direkt in die Augen des Betrachters blickten, und ein ebenso großformatiges Foto von einer halbentkleideten jungen Frau, der die Kleider auf offener Straße heruntergerissen wurden und die schamvoll ihre Blößen zu bedecken suchte. Als ich das Foto mit der jungen Frau betrachtete und mir dabei auffiel, daß die Frau schöne Brüste hatte, sagte der Schriftsteller, als habe er meine Gedanken gelesen, daß man angesichts eines solchen Fotos zu der Wahrnehmung gezwungen werde, daß die mißhandelte Frau schöne Brüste habe. Schlimmer noch fände er allerdings, daß man bei der Betrachtung der drei alten Männer, die, so die Schrifttafel unter dem Bild, auf dem Weg zu ihrer Erschießung seien, die ganz schamlose Genugtuung darüber verspüre, daß man selbst noch am Leben sei und das Glück habe, hier am schönen Wannsee in einer gepflegten Villa den Todgeweihten in die Augen schauen zu dürfen. Denn die mißhandelte, halbentblößte Frau sei ebenso wie die kurz vor ihrer Erschießung stehenden Männer auf diesen großformatigen und fotografisch gewiß beeindruckenden Fotos noch immer gegenwärtig. Sie seien, so empfinde zumindest er es, gar nicht tot und schon gar nicht Menschen einer vergangenen Zeit, sondern ganz und gar gegenwärtig. Und die Fotografien seien es, die diese Menschen gegenwärtig hielten. Die mißhandelte junge Frau bedecke in diesem Augenblick ihre Brüste, sagte der Schriftsteller, und in diesem Augenblick würden sie und ihre unbedeckten Brüste von uns, den Beobachtern der Szene, angestarrt werden. Die junge Frau, sagte er, bedecke ihre Brüste vor unseren Blicken, ebenso wie sie sie einst vor den Blicken ihrer Mißhandler und denen der Passanten bedeckt habe. Sie sei gewissermaßen gezwungen, sich fortan und bis in alle Ewigkeit oder doch zumindest so lange, wie diese Fotos hier hingen, ihre Brüste zu bedecken und sich anstarren zu lassen von Leuten wie uns. Er empfinde diese Fotos wie eine andauernde Mißhandlung, sagte der Schriftsteller, wie eine beständige Demütigung. Noch immer müsse die Frau öffentlich entblößt sein, und noch immer müßten sich die drei alten Männer in ihrer Todesangst angaffen lassen. In diesem Augenblick erschien eine Gruppe von Schülern in unserem Raum. Sie hatten Papier und Schreibzeug dabei und verteilten sich vor den verschiedenen Fotos und Schautafeln. Dann begannen sie teils allein und teils in kleinen Gruppen damit, sich Aufzeichnungen von den Exponaten zu machen. Die fleißigsten von ihnen setzten sich auf den Parkettboden, legten ihre Taschen und bunten Rucksäcke neben sich und füllten verschiedene formularähnliche Blätter aus. Auf meine Frage an eines der Kinder, was sie denn hier machten, sagte ein ungefähr zwölfjähriges Mädchen, daß sie ihre Arbeitsbögen ausfüllen müßten. Immer wenn sie eine Ausstellung besuchten oder einen Ausflug machten, dann müßten sie Arbeitsbögen ausfüllen. Selbst im Zoo, sagte das Mädchen, hätten sie Arbeitsbögen ausfüllen müssen. Der Zoo sei aber so groß, daß sie sich bestimmte Tiere hätten aussuchen dürfen, und dann hätten sie über diese Tiere ihre Eintragungen machen müssen. Herkunft der Tiere, Aussehen, Verhalten, die Anzahl und so weiter. Sie habe sich für die Raubtiere entschieden und dann eben alles über Löwen, Tiger und so weiter aufgeschrieben, aber obwohl sie nur Aufzeichnungen über die Raubtiere zu machen brauchte, sei sie damit längst nicht fertig geworden, so viele Raubtiere gebe es im Zoo. Diese Ausstellung, sagte das Mädchen, sei natürlich viel übersichtlicher. Aber auch ziemlich langweilig, wie alle Geschichtsausstellungen. Am liebsten, sagte das Mädchen, gehe sie in den Zoo, am zweitliebsten in Naturausstellungen und am drittliebsten in Bilderausstellungen. In Geschichtsausstellungen gehe sie am liebsten gar nicht. Ganz im Unterschied zu ihrem Lehrer, der andauernd mit ihnen in Geschichtsausstellungen gehen würde. Als ich das Mädchen fragte, wo denn ihr Lehrer sei, sagte sie, daß der Lehrer draußen sei, denn die Schüler sollten ihre Arbeitsbögen nicht in Gegenwart des Lehrers ausfüllen. Die Gegenwart des Lehrers hemme die Schüler nur, sagte das Mädchen, und darum würde der Lehrer, während die Arbeitsbögen ausgefüllt werden, draußen im Garten bleiben. Auf meine Frage, was sie denn auf ihren Bogen schreibe, sagte sie, daß sie sich ebenso wie ihre Mitschüler vor allem Zahlen aufschreibe. Jahreszahlen und Menschenzahlen. Und Länder. Das sei das wichtigste. Außerdem könne man noch eigene Erlebnisse aufschreiben, sagte das Mädchen. Dann zeigte sie mir eines ihrer Formblätter, auf dem neben den Rubriken für Daten, Namen und Jahreszahlen auch eine spezielle Rubrik mit der Überschrift »Eigene Erlebnisse« eingetragen war. Der Schriftsteller, der sich das

Gespräch bisher schweigend angehört hatte, fragte das Mädchen, ob es denn schon ein eigenes Erlebnis gehabt habe. Bis jetzt noch nicht, sagte das Mädchen. Aber die eigenen Erlebnisse würden auch nicht bewertet werden. Die eigenen Erlebnisse seien freiwillige Eintragungen, wogegen die Zahlen und Länder nicht freiwillige Eintragungen seien. Für die eigenen Erlebnisse bekomme man keine Noten, denn die Lehrer meinten, daß man eigene Erlebnisse nicht bewerten dürfe. Man würde, sagte das Mädchen, den Schülern den Spaß an eigenen Erlebnissen nehmen, wenn man ihnen Noten dafür gäbe. Außerdem wäre es ungerecht, denn wenn einer keine eigenen Erlebnisse gehabt habe, dann hat er bloß Pech gehabt. Die Eintragungen dagegen würden benotet werden, denn das sei eine Frage des Fleißes, und je mehr Eintragungen einer habe, um so fleißiger sei er eben gewesen. Dann beugte sie sich wieder über ihren Bogen, ich wünschte dem Mädchen viel Erfolg, der Schriftsteller wünschte dem Mädchen nichts, und wir betraten einen Raum, in dem eine Gruppe von ebenfalls mit Arbeitsbögen bewaffneten Schülern sich um einen nicht mehr ganz jungen Mann versammelt hatte, der entweder ihr Lehrer oder ein Mitarbeiter des Museums war. Der nicht mehr ganz junge Mann war gerade dabei, den Schülern den Begriff »Sonderbehandlung« zu erklären, der auch auf einer Schrifttafel zu lesen war. Sonderbehandlung, sagte er, sei ein Euphemismus. Und Euphemismus, sagte der Mann, wobei er auf seine Unterlagen blickte, komme aus dem Griechischen beziehungsweise Neulateinischen und bedeute die mildernde oder beschönigende Umschreibung für ein anstößiges oder unangenehmes Wort beziehungsweise für eine anstößige oder unangenehme Sache. Dann machte er eine Pause und wartete darauf, daß sich die Schüler Eintragungen in ihre Arbeitsbögen machten. Während die Schüler ganz offensichtlich keine Probleme mit dem Wort Sonderbehandlung hatten, welches ja auch auf einer der Schrifttafeln zu lesen war, hatten die meisten von ihnen erhebliche Probleme mit dem Wort Euphemismus, so daß der Mann ihnen das Wort buchstabieren mußte. Und noch während er das Wort buchstabierte, sagte der Schriftsteller, daß er es nicht mehr aushalte und hinausgehen müsse. Dann lief er, bleich und schwer atmend und noch ehe ich irgend etwas sagen konnte, dem Ausgang zu. Ich eilte ihm nach, holte aber vorher noch die Mäntel aus dem Kellergeschoß. Im Garten der Villa, der bis an das Seeufer reicht und in dem der Rhododendron blühte, hatten sich inzwischen alle die Schüler niedergelassen, deren Ausstellungsbesuch bereits beendet war. Einige packten die Rucksäcke aus und verzehrten ihr Mitgebrachtes, andere tummelten sich auf dem Rasen und hatten wohl schon wieder vergessen, was ihnen gerade gezeigt worden war, und wieder andere, die Fleißigen und Interessierten, verglichen ihre Arbeitsbögen miteinander und tauschten Daten, Zahlen und Eintragungen aus. Zwei, die sich direkt neben uns auf einer Steinbank niedergelassen hatten, gerieten dabei in Streit und hielten sich gegenseitig ihre Aufzeichnungen vor. »In Lublin«, sagte der eine mit abfälligem Blick auf den Arbeitsbogen des anderen, »in Lublin sind es fünftausend, nicht fünfzigtausend.« Woraufhin der andere ein mürrisches »Na gut« von sich gab, einen Radiergummi herausholte und seine Aufzeichnungen korrigierte. Der Schriftsteller, der noch immer schwer atmend den beiden Schülern zugehört hatte, erhob sich plötzlich und begann, die beiden Jungen mit wüsten Worten zu beschimpfen. Er tat dies allerdings auf Französisch, so daß die beiden Schüler ihn zuerst verständnislos und dann sogar ein wenig amüsiert anblickten. Daraufhin wandten sie sich wieder ihren Arbeitsbögen zu. Der wütende Mann verstummte resigniert und verließ ohne ein weiteres Wort das Gelände der Villa. Zurück auf der Straße Am Großen Wannsee begegneten uns weitere Gruppen von Schülern, die, mit Leinenbeuteln und Rucksäcken behängt, der Wannseevilla zustrebten. Wir gingen einige Zeit die leicht ansteigende Straße hinauf und schwiegen. Erst als wir die Hauptstraße erreicht hatten, die mich zum S-Bahnhof und den Schriftsteller zurück in seine Unterkunft führte, sagte der noch immer sichtlich verstörte Mann, daß jedes Foto ein Frevel und jeder rucksackbehängte Schüler eine Beleidigung sei. Wenn es nach ihm ginge, dann müßte man erstens die Fotos aus der Ausstellung entfernen und zweitens die Schüler von der Villa fernhalten. Wenn es nach ihm ginge, dann dürfte nur das Geschriebene bleiben. Nur das Geschriebene, sagte der Schriftsteller, und vielleicht nicht einmal das.

Amrumer Massagen

Ein Januarsturm jagte über die Nordsee, die Dagebüller Mole war überflutet, und wir mußten die Dämmerung abwarten, bis das Fährschiff den Hafen verließ. Die Fähre war trotz der kalten Jahreszeit bis auf den letzten Platz besetzt, Mütter mit Kindern, Bundeswehrsoldaten, Vertreter mit Aktenkoffern, eine Gruppe junger Männer, unterwegs zum Ökumenischen Posaunenchortreffen, wie wir dem mitgeführten Transparent entnehmen konnten. Die meisten hatten fusselige Bärte, viele trugen Sandalen, einige Stirnbänder, manche hatten ihren Schlafsack dabei, und alle blickten sie drein, als seien sie Mitglieder einer sektiererischen Vereinigung, einer Posaunenchorsekte, die Posaunisten von Jericho. In Wyk legte das Schiff einen Zwischenstopp ein. Die Bundeswehrsoldaten gingen von Bord, die meisten Vertreter ebenfalls, nur die Posaunisten und die Mütter und Kinder nicht. Einer der Vertreter hatte an unserem Tisch im sogenannten Oberen Salon gesessen und sich bis Wyk über seine Papiere gebeugt. Nun verstaute er die Unterlagen und fragte uns, ob wir Berliner seien. Sozusagen, sagten wir, allerdings Westberliner, aber das gebe es ja nicht mehr, und zugezogen aus Westdeutschland wie die meisten Westberliner, aber strenggenommen gebe es Westdeutschland ja auch nicht mehr. Nur Berliner, sagte er, kämen auf die Idee, im Januar nach Amrum zu fahren. Die Berliner führen überall hin, und zu den unmöglichsten Jahreszeiten. Er dagegen sei kein Berliner, und er führe auch nicht im Januar nach Amrum, wenn er es nicht müßte. Was er denn hier tue, fragten wir ihn, worauf er antwortete, daß er im Bereich kartengesteuerter Dienstleistungen tätig sei, ein hartes Geschäft allerdings, denn das Festland sei schon so gut wie komplett, und selbst die Nordseeinseln, also vor allem Borkum und Norderney, seien kartenmäßig ziemlich abgegrast, von Sylt gar nicht zu reden. Sylt sei fest in der Hand der Amerikaner, die hätten sich mit den Kommunalpolitikern zusammengetan und überrollten nun die ganze Insel mit ihrem sogenannten City-Card-Smart-Card-Konzept, ein Konzept, von dem er ganz und gar nichts halte, und er halte deshalb ganz und gar nichts davon, weil ihn die Sicherheitslogik des Konzeptes nicht überzeuge. Je größer ein Konzept, um so problematischer die Sicherheitslogik. Aber die Sylter seien eben größenwahnsinnig. Wenn sie ihn gefragt hätten, sagte der Vertreter, dann hätte er den Syltern zu einem limitierten und orthodoxen System geraten, aber mit den Syltern sei nicht zu reden. Die Amrumer dagegen seien umgänglicher, allerdings auch, um die Wahrheit zu sagen, ziemlich verschlafen. Die hätten keinen blassen Schimmer vom Kartengeschäft. Fragen Sie mal den Amrumer Kurdirektor nach dem City-Card-Smart-Card-Konzept, und Sie werden Augen machen. Die Amrumer bezahlten am liebsten noch mit Muschelgeld, da seien die Föhrer ja weiter, aber die seien auch näher am Festland.

Mittlerweile war es später Abend geworden, und der Wittdüner Hafen lag im Dunkeln, als wir die Fähre verließen. Wir fuhren mit dem Bus nach Nebel, wo wir vom alten Herrn Jensen erwartet wurden, der uns zu unserem dicht am Watt gelegenen Häuschen führte. Herr Jensen hatte die Schotten dicht gemacht, ein Brett in den Türrahmen geklemmt und Sandsäcke davor gelegt, so daß wir in die Wohnung hineinklettern mußten. Das Wasser würde normalerweise nicht über die Säcke laufen, sagte Herr Jensen, aber wir hätten Springflut und sollten darum unser Gepäck auf den Küchentisch stellen. Dann wünschte er uns eine gute Nacht und überließ uns unserem traumschweren Schlaf. Ich träumte einen Traum, den ich in Sigmund Freuds »Traumdeutung« gelesen hatte und der als der »Traum des französischen Kindermädchens« bekannt geworden ist, er handelt von einem aus dem Schlaf erwachten und schreienden Knaben, der von seinem im selben Raum schlafenden Kindermädchen auf die Toilette gebracht werden möchte. Statt aufzuwachen und den Knaben auf die Toilette zu bringen, träumt das Kindermädchen, daß der Knabe auf der Straße an einen Laternenmast uriniert. Und je länger das Kindermädchen träumt, um so länger uriniert der Knabe an den Laternenmast, so daß die Straße sich schließlich in einen großen Fluß verwandelt, auf dem zuerst ein Paddelboot, dann ein Krabbenkutter und schließlich ein Ozeandampfer vorbeifahren. Am nächsten Morgen sagte meine Frau, daß dies ein typischer Harnreiztraum gewesen sei, während sie selbst einen Zahnreiztraum geträumt habe. Nachdem ich ins Bad gegangen war und die Wasserschäden im Hausflur gesehen hatte, schien mir die Harnreiztraumthese nicht mehr die einzige Erklärung zu sein, denn ganz offensichtlich war während des nächtlichen Hochwassers das Wasser zwar nicht über die Sandsäcke, wohl aber zwischen den Sandsäcken und unter dem Türbrett hindurch in den Hausflur gelaufen. Herr Jensen tauschte ungerührt und ganz alter Seebär den feuchten Teppich gegen einen trockenen aus und versprach besseres Wetter und ruhigere See, so daß auch der Wattweg bald frei sein würde, auf dem wir zu Fuß Richtung Wittdün laufen könnten, wenn wir nicht durch den Wald oder über den sogenannten Kniepsand gehen wollten. Da es immer noch stürmte, bestellten wir ein Taxi und fuhren zum Kurzentrum, wo meine Frau Meerwasserinhalationen und ich Massagen bekam. Der Masseur war ein alteingesessener Insulaner, der seine Kabine mit

Schautafeln ausgekleidet hatte, auf denen die verschiedensten Hauterkrankungen abgebildet waren. Besonders eindrucksvoll war die Tafel mit den farbigen Vergrößerungen verschiedener und allesamt bösartiger Hautkrebsarten. Hübsche Fotos haben Sie da, sagte ich, worauf der Masseur erwiderte, daß es noch viel mehr Hautkrebsarten gebe, er aber habe hier nur die geläufigsten aufgehängt. Die Direktion des Kurzentrums sei zwar gegen die Schautafeln, er aber bestehe darauf, denn es komme immer wieder vor, daß ihm Patienten mit den entsprechenden Hautveränderungen unter die Hände gerieten, und so könne er gleich sehen, ob es aussichtslose Fälle seien oder ob sie noch eine Chance hätten. Die meisten seien aussichtslose Fälle, aber das könne er natürlich nicht laut sagen. Wer sei er denn, daß er Diagnosen stelle. Allerdings würde er den betroffenen Patienten ziemlich unmißverständlich empfehlen, doch schnell und vielleicht sogar sehr schnell einen Hautarzt aufzusuchen, denn was er hier sehe, das sehe gar nicht gut aus. Natürlich würden manche Patienten einen gehörigen Schrecken bekommen, aber diesen Schrecken, sagte der Masseur, würden sie sowieso bekommen, früher oder später. Und je später sie diesen Schrecken bekämen, um so schrecklicher würde der Schrecken dann sein. Einer müsse den Patienten schließlich sagen, was sich da auf ihrem Rükken abspiele. Sie glauben gar nicht, sagte der Masseur, während er sich an meinem Rücken zu schaffen machte, wie wenige Menschen wissen, wie es auf ihrem Rücken aussieht. Und nicht etwa nur Alleinlebende. Es kämen ihm auch immer wieder Verheiratete unter die Hände, die sich schon im fortgeschrittenen Stadium befänden, mit fünfmarkstückgroßen Tumoren auf dem Rücken, und deren Ehepartner noch nichts bemerkt hätten. Daran sieht man, was das für Ehen sind. Die Leute würden sich sozusagen gegenseitig unter den Augen wegwuchern. Natürlich müsse er mit seinen Beobachtungen vorsichtig sein, denn wer sei er denn, daß er Diagnosen stelle. Einmal sei es ihm auch passiert, daß einer seiner Patienten stehenden Fußes den Urlaub abgebrochen und die Insel verlassen habe, nur weil er ihm empfohlen hatte, doch gelegentlich einen Hautarzt aufzusuchen. Der Hautarzt habe dann nur einen ganz normalen Leberfleck festgestellt und der Patient ihm daraufhin schriftlich mit einem Schadensersatzprozeß gedroht wegen des Urlaubsausfalls und der verursachten psychischen Belastung. Zu diesem Schadensersatzprozeß sei es allerdings nie gekommen. Schließlich sei es nicht verboten, einem Patienten anzuraten, zum Hautarzt zu gehen. Wenn einer seiner Patienten ihm riete, einmal zum Zahnarzt oder sonstwohin zu gehen, dann könne er den auch nicht gleich verklagen. Er würde den Patienten nichts als einen guten Rat geben, und wenn die Patienten ihn fragten, warum und wieso er ihnen diesen Rat gebe, dann würde er ganz offen antworten, daß er nur ein Masseur sei und keine Diagnosen stellen dürfe. Aber wenn sie ihn schon fragten, dann sollten sie sich doch einfach mal die Schautafeln anschauen. Schauen Sie sich einfach mal die Schautafeln an, würde er sagen, und gelegentlich würde er auch hinzufügen, daß sie sich dieses oder jenes Foto besonders gut anschauen sollten. Mehr aber würde er nicht sagen. Und normalerweise würde das auch genügen. Dann gab er mir einen Klaps in den Nacken und sagte, während er sich die Hände abspülte, daß er bei mir nichts dergleichen festgestellt habe, das wäre ja noch schöner, aber daß er sich, wenn er an meiner Stelle wäre, diese Knubbel unter den Schulterblättern, die ich vielleicht noch gar nicht bemerkt hätte, sofort entfernen lassen würde. Er selbst würde sich immer alles sofort entfernen lassen, solange es noch harmlos sei, und bisher sei immer alles harmlos gewesen. Meine Knubbel seien sicher auch harmlos, obwohl ihm so etwas, um einmal ganz offen zu reden, noch nie unter die Hände gekommen sei.

Nachdem sich das Wetter beruhigt hatte und eine bleiche Januarsonne durch die Wolken schien, gingen wir am nächsten Morgen über den Wattweg ins Kurzentrum. Kurz bevor wir den sogenannten Seezeichenhafen erreichten, den Lagerplatz für Bojen und Tonnen, stießen wir auf einen verstörten und ölverschmierten Seevogel, der flugunfähig im Sand hockte. Auf unsere Annäherungen reagierte er fast zutraulich, und es schien, als hätte er sich am liebsten von uns davontragen lassen. Wir beschlossen, den Vogel vorerst dort hocken zu lassen und uns im Kurzentrum Rat zu holen. Der Masseur wartete bereits, ich entschuldigte die Verspätung mit dem flugunfähigen Vogel. Auf meine Frage, wer sich um das hilflose Tier kümmern könne, sagte der Masseur, daß es zwar auf Sylt so etwas wie eine Vogelwaschanlage gebe, aber glücklicherweise nicht auf Amrum. Denn die ölverklebten Vögel würden nicht wegen ihrer Flugunfähigkeit am Strand hocken. Sie würden sich vielmehr zum Sterben an den Strand begeben, und sterben würden sie, weil sie beim Putzen des Gefieders Öl geschluckt hätten. Deshalb sei es nichts als Tierquälerei, wenn man die innerlich vergifteten Tiere noch ins Schaumbad stecke, wie man es auf Sylt tue. Wenn er einen Seevogel flugunfähig am Strand hocken sehe und wirklich helfen wolle, dann drehe er ihm den Hals um. Aber erzählen Sie das mal einem Touristen, der mit einem ölverklebten Austernfischer auf dem Arm, Frau und Kindern im Schlepptau und mit Tränen in den Augen um Hilfe für den Vogel nachsucht. Allerdings sei man auch auf Sylt mittlerweile dazu übergegangen, den meisten der Vögel den Hals umzudrehen, und zwar heimlich und nachdem man sie gewaschen hat. Typisch Sylt eben. Damit war das Schicksal des Vogels besiegelt, und ich mußte nur noch meine Frau davon überzeugen, daß dem Tier nicht zu helfen sei. Diese ließ auf sich warten, weil die Meerwasserinhalationen wegen einer schon seit Tagen anhaltenden Giftbeutelschwemme auf Leitungswasserinhalationen umgestellt werden mußten. Der Masseur, der keinen weiteren Patienten hatte und mir in die Rezeption gefolgt war, hielt die Giftbeutelschwemme jedoch für ungefährlich. Er jedenfalls, der in seiner Freizeit den Kniepsand nach Bernstein absuche, habe noch keinen einzigen Giftbeutel gefunden. Erst mal sei Sylt dran, sagte er, dann lange nichts, und dann vielleicht Amrum, aber auch nur vielleicht.

Statt über den Wattweg gingen meine Frau und ich über den Kniepsand zurück. Während sie Muscheln und Kieselsteine sammelte und wieder ins Meer beförderte, hielt ich instinktiv nach den Giftbeuteln Ausschau. Auf halber Höhe zwischen dem Kurzentrum und Nebel begegneten wir den ökumenischen Posaunisten, die ebenfalls auf Giftbeutelsuche waren und uns darum baten, alle Giftbeutel, die wir fänden, ihnen zu überlassen, denn sie hätten bereits die Entsorgung organisiert. Als wir ihnen sagten, daß wir noch keinen einzigen Beutel gefunden hätten und daß die Giftbeutel zuerst auf Sylt und dann auf Amrum angeschwemmt werden würden, daß man aber auch auf Sylt noch keinen einzigen Giftbeutel gefunden hätte, zogen sie mit ihren blauen Müllsäcken Richtung Wittdün davon. Am nächsten Tag sagte der Masseur, daß in Norddorf ein Posaunenchortreffen stattfinden werde, ich solle ihn aber nicht fragen, was das für ein Treffen sei. Was das denn für ein Treffen sei, fragte ich ihn daraufhin, worauf er sagte, daß das ein ökologisches Posaunenchortreffen sei, was er, der selber Flügelhorn spiele, und das nicht mal schlecht, absolut lächerlich fände. Darauf erzählte ich ihm, daß die Posaunisten bereits den Kniepsand nach Giftbeuteln absuchten und auch schon die Entsorgung organisiert hätten. Wenn es auf Amrum ein Problem gebe, sagte der Masseur, dann seien es nicht die Giftbeutel, sondern alternative Blaskapellen vom Festland, die ohne Giftbeutel gewissermaßen keine Luft mehr bekämen. Für die Alternativen, ob sie nun Posaune spielten oder nicht, sei die Giftbeutelschwemme ein gefundenes Fressen, die Insulaner dagegen hätten ganz andere Sorgen. Die Insulaner hätten, seit es keine Piraten mehr gebe, nur noch zwei natürliche Feinde: die Radfahrer und die Mutter-Kind-Gruppen. Die Radfahrer und die Mutter-Kind-Gruppen verwandelten vor allem in den Sommermonaten die Insel in ein klingelndes und kreischendes Inferno. Wenn es nach ihm ginge, dann sollte man Radfahrer und Mutter-Kind-Gruppen streng limitieren, obwohl er, der ein eigenes Häuschen in Süddorf habe, nebenher auch Ferienzimmer vermiete. Aber er profitiere weder von den Radfahrern noch von den Mutter-Kind-Gruppen, denn die Radfahrer stiegen sonstwo ab, nur nicht bei ihm, und die Mutter-Kind-Gruppen kämen allesamt in den Mutter-Kind-Ferienheimen unter. Allerdings profitiere er als Masseur von den Müttern, da sie ihm jedes Jahr dutzendweise unter die Finger gerieten. Die meisten seien freilich mehr seelisch als körperlich verspannt, und nicht wenige fingen auch, sobald er ein paar Worte mit ihnen geredet hätte, zu flennen an. Wobei ihm aufgefallen sei, daß es nicht die Mütter aus den neuen Bundesländern seien, die zu flennen anfingen, sondern die Mütter aus den alten Bundesländern. Die Mütter aus den neuen Bundesländern seien weniger wehleidig, und sie hätten auch keine Ehekrisen, weil sie in der Regel alleinstehend seien. Wenn es nach ihm ginge, dann bräuchten nur noch Mütter aus den neuen Bundesländern auf die Insel zu kommen, die seien erstens disziplinierter und hätten zweitens ihre Kinder besser im Griff. Die Mütter aus den alten Bundesländern ließen ihren Kindern alles durchgehen, während die Mütter aus den neuen Bundesländern so gut wie nichts durchgehen ließen. Allerdings seien die Kinder aus den neuen Bundesländern oftmals auch nicht in der Lage, allzuviel anzustellen, denn sie litten zumeist unter den schwersten Erkrankungen der Atemwege, die nicht zu vergleichen seien mit den Erkrankungen der Atemwege, unter denen die Kinder aus den alten Bundesländern litten. Von den Erkrankungen der Kinder aus den alten Bundesländern könnten die Kinder aus den neuen Bundesländern nur träumen. Solange die Kinder aus den neuen Bundesländern mit solchen Krankheiten auf die Insel kämen, würde er, das sage er ganz offen, keinen Fuß in die neuen Bundesländer setzen. Ihm reiche schon der Gestank, der bei Nordwind von Westerland rüberkomme, da bräuchte er nicht eigens in die neuen Bundesländer zu fahren. Einmal aber wäre er beinahe dort gelandet, denn die Blaskapelle, in der er Flügelhorn spiele, mache jedes Jahr einen Ausflug, und dieser werde immer als Überraschungsausflug organisiert. Ein Mitglied der Kapelle organisiere den Ausflug, und die anderen ließen sich überraschen. Auf der Autobahn hätten noch alle gedacht, es ginge nach Kiel, und hinter Kiel glaubten sie, es ginge nach Lübeck. Hinter Lübeck aber habe sich die Stimmung im Bus rapide verschlechtert, und am Abzweig nach Rostock sei es dann fast zu einer Schlägerei mit dem Organisator des Ausflugs gekommen. Schließlich hätten sie kehrtgemacht und seien zurück nach Lübeck gefahren, wo sie aber schon mehrere Male gewesen seien. Er selbst, sagte der

Masseur, sei ohnehin ein eher häuslicher Typ. Ihm reichten, sagte er, seine Frau und seine Pferde. Als ich mich über seinen Pferdebesitz erstaunt zeigte, sagte er, daß auf Amrum fast jeder wenigstens ein Pferd habe und daß es hier noch mehr Pferde geben würde, wenn es weniger Touristen gäbe. Denn die Touristen würden die Pferdehaltung außerordentlich erschweren. Meine Frau und ich hätten dagegen den Eindruck, wandte ich ein, daß die Pferde auch wegen der Touristen auf der Insel seien. Das sei ganz falsch, sagte der Masseur, das sei der typische Denkfehler der Nichtinsulaner. Die Pferde seien ganz und gar nicht wegen der Touristen auf der Insel, die Pferde seien vielmehr trotz der Touristen auf der Insel, denn die Touristen seien die schlimmsten Feinde der Pferde. Wobei er nicht die Reiter meine, sondern die Spaziergänger und Radfahrer. Die Spaziergänger oder Radfahrer könnten an keinem Pferd vorbeigehen, ohne das Tier mit irgend etwas zu füttern, und das Ergebnis dieser ständigen Pferdefütterei sei, daß die Tiere unter den schlimmsten Koliken zu leiden hätten, die man nur durch eine strenge Diät wegbekäme, aber diese Diät würde immer wieder von den pferdefütternden Touristen unterlaufen. Viele Pferdehalter hätten zuerst Warn- und Verbotsschilder aufgestellt, was aber nichts genützt habe, dann hätten sie einen zweiten Zaun um ihre Weiden gezogen, was ebensowenig genützt habe, denn die Touristen seien einfach über den ersten Zaun gestiegen, um an die Pferde heranzukommen, schließlich könne man ja keine Selbstschußanlagen einbauen. Mittlerweile seien einige seiner Bekannten dazu übergegangen, den Platz zwischen dem ersten und zweiten Zaun insofern zu nutzen, als sie ein sogenanntes Fütterpferd dort aufstellten, an welchem die Touristen sich auslassen könnten. Die Fütterpferde seien eher alte und angeschlagene Tiere, die man, bevor man sie aussortiere, auf den Weiden herumstehen lasse, damit sie von den Touristen gefüttert werden könnten. Allerdings müßten die Tiere ausreichend medikamentös versorgt werden, andernfalls würden sie die Fütterei nur ein paar Wochen überleben. Als ich den Masseur fragte, ob auch er ein Fütterpferd habe, sagte er, daß er kein Freund dieser Methode sei, denn die Pferde seien nach einer Saison restlos erledigt, die müsse man gewissermaßen mit der Ambulanz ins Schlachthaus fahren, und das wolle er sich und den Tieren nun doch nicht zumuten. Bei aller Liebe, sagte der Masseur, aber das nicht.

Alles ist heiter und edel

Wer nach Stendal reist, weil er ein Verehrer Stendhals ist, der wird möglicherweise enttäuscht werden. Von Stendhal ist in Stendal ebensowenig zu sehen wie von Lenin in Lehnin. Wenngleich der unter einem gänzlich anderen Namen geborene und getaufte Schriftsteller und Beamte des französischen Staatsrats sich nach eben diesem, in der Altmark gelegenen Städtchen genannt hat und unter diesem auch in die Literaturgeschichte eingegangen ist. Allerdings nicht in die Stendals. Wer nach Stendal reist, der sollte es im Sommer tun, und wenn möglich nicht mit dem Zug und schon gar nicht vom Bahnhof Zoo aus. Wir sind im Januar und mit dem Zug und vom Bahnhof Zoo aus nach Stendal gereist, was den Nachteil hatte, daß wir erstens keinen Sitzplatz fanden, weil mittlerweile vom Bahnhof Zoo aus alle Welt in alle möglichen Gegenden reist, und dies auf eine Weise, wie es früher nicht möglich und denkbar gewesen wäre, und daß zweitens der Zug, der vom Bahnhof Zoo aus nach Westen und über Stendal fährt, nicht nur am Wannsee und in Griebnitzsee ausgiebig Station macht, sondern auch in einem Ort namens Rathenow, was weiter nicht schlimm wäre, würden nicht in Rathenow, von dessen Existenz wir bis zu unserer Stendalreise nicht einmal wußten, Hunderte von Menschen eben diesen Zug besteigen. Ganz Rathenow schien auf den Beinen, und ganz Rathenow schien nichts anderes im Sinn zu haben, als Rathenow so schnell wie möglich zu verlassen, so daß unser ohnehin nicht komfortabler Stehplatz von aufgeregten und reisebesessenen Rathenowern bedrängt wurde. Irgend etwas schien mit Rathenow nicht zu stimmen. Nachdem der nun gänzlich überfüllte Zug den Rathenower Bahnhof verlassen hatte, konnten wir uns insofern ein Bild von den Rathenower Zuständen machen, als daß es sich hierbei um einen Ort handelt, der, da an einem Havelgewässer gelegen, aus einer Unzahl von kleinen Feriensiedlungen besteht, die allerdings in einem erbarmungswürdigen Zustand sind. Die Rathenower Feriensiedlungen sind samt und sonders, soweit wir das aus unserem Zugfenster beurteilen konnten, verfallen. Durch die Häuschen – einige im Schwarzwaldstil, andere im Friesenstil, viele im Heimatschutzstil, die meisten im Bungalowstil – mit ihren noch kleineren Gärtchen pfiff der Wind, die Dächer waren abgedeckt, die Holztüren zerschlagen, die Zäune niedergerissen, und nirgends war in dieser Ferienkatastrophe auch nur eine einzige Menschenseele zu entdecken. Rathenow ist, soviel war deutlich zu sehen, kein Ort des Bleibens. Und die Rathenower verhielten sich entsprechend. Glücklicherweise schien bei den Rathenowern, ganz entgegen unseren Befürchtungen, auch Stendal nicht besonders beliebt zu sein. Kein einziger unserer Mitreisenden stieg in Stendal aus, so daß wir uns ganz allein in dieses für uns noch immer vom Geist Stendhals geprägte Städtchen aufmachten, das uns denn auch mit zwei konkurrierenden Imbißbuden, menschenleeren Vorstadtstraßen und einem trotz des sonnigen Winterwetters beißenden Braunkohlenaroma empfing.

Je näher wir uns aber dem Altstadtkern Stendals näherten, um so mehr verflog die schlechte Luft. Denn die Altstadt bestand, ganz ähnlich wie die Feriensiedlungen Rathenows, aus zumeist baufälligen und darum auch leerstehenden Häusern, in denen, da niemand in ihnen wohnte, auch nicht geheizt wurde. Schon der von kahlen und ziemlich krummen Bäumen bestandene Wall, der die Altstadt von Stendal umgibt und der uns, einmal großzügig gedacht, an den des toskanischen Städtchens Lucca erinnerte, empfing uns mit besserer Luft und wirkte anscheinend wie eine Wetterwand, an der die Kohlendioxydschwaden der bewohnten Vorstadt abprallten. Den Wall begleitete ein kleiner Mühlbach, so nannten wir ihn im stillen, der an den Rändern gefroren war und von schnatternden Enten belebt wurde. Die Enten scharten sich um einen mit Eis überzogenen Kormoran, der mit eingeknicktem Hals im Wasser lag. Wir ließen uns nicht beirren und sagten uns, ganz wie es der von uns bewunderte Stendhal einst angesichts der Mailänder Kirche San Fedele unweit der Straße San Giovanni alle Case Rotte getan hatte: »Alles ist heiter und edel, nichts flößt Schrecken ein.«

Auch die Fußgängerzone nicht, die sonntäglich unbelebt vor uns lag und die wir mutig durcheilten. Hier war schon der Geist der neuen Zeit eingezogen. Die alten und ehemals prächtigen Häuser waren bis auf die Außenmauern entkernt, und hinter den stuckverzierten Fassaden war, bis auf einige Baugruben und eine Menge Bauschutt, nichts zu sehen. Glücklicherweise änderte sich das Bild an einem schönen und von hohen Bäumen umsäumten Platz, in dessen Mitte sich das Denkmal eines würdigen bronzenen Herrn befand. Es war freilich nicht Stendhal, der dort auf dem Podest stand, sondern der von diesem bewunderte Johann Joachim Winckelmann, der als der Vater der Archäologie und Begründer der deutschen Klassik Epoche machte und mit einem gewissen Wohlgefallen auf die Baugruben seiner Heimatstadt herabblickte. Ist es nicht Stendhal, dann ist es eben Winckelmann, sagten wir uns und machten uns daran, sein Geburtshaus aufzusuchen, das sich in der Winckelmannstraße befindet und in dem wir die Gelegenheit hatten, eine von der schwedischen Brauerei Carlsberg gesponserte Ausstellung zu besichtigen, die uns mit Aquarellen und auf Gipsleinwände übertragenen Darstellungen etruskischer Grabmalereien aus Tarquinia und Cerveteri konfrontierte. Wir waren irritiert, aber auch angenehm überrascht, denn Kopien etruskischer Grabmalereien aus Cerveteri und Tarquinia waren so ungefähr das letzte, was wir uns von unserem Ausflug nach Stendal und in die Altmark erhofft hatten. Der Kustode des Museums war so freundlich, uns auch auf die Winckelmannausstellung hinzuweisen, die sich in einem Seitentrakt des Winckelmannhauses befand. Neben einigen Schusterwerkzeugen und einem sogenannten Alkoven, in dem die Eltern Winckelmanns ihre Nächte verbracht hatten, war das überragende Exponat der Ausstellung die gipserne Kopie einer ebenfalls gipsernen Kopie einer Bronzekopie der Laokoongruppe, die wir sogleich als späthellenistisch und darum auch als ein wenig hohl klassifizierten. Erfreulicher dagegen die Marmorkopie unbekannter Herkunft des Apoll vom Belvedere, dem, so erfuhren wir später, Winckelmann mit Haut und Haaren verfallen war und dessen leicht geblähte Nüstern ihm so manche schlaflose Nacht bereitet hatten. Der Kustode des Museums suchte uns, da er unsere abfälligen und wohl auch ein wenig hochmütigen Bemerkungen über die Laokoongruppe mit angehört hatte, von der Bedeutung der Plastik zu überzeugen. Diese sei, so der Kustode, deshalb so bedeutend, weil ihr Ausdruck, und hier schloß er sich Winckelmann an, wohl klagend, aber nicht schreiend sei. Er wolle nicht übertreiben, sagte der Kustode, bei dem es sich um einen abgewickelten und darum arbeitslosen Kunsthistoriker handelte, und auch keinesfalls unzulässig aktualisieren, aber für ihn, der diese Gruppe nun schon seit Monaten Tag für Tag betrachte, seien die sich im Würgegriff zweier Riesenschlangen windenden Figuren des Laokoon und seiner Söhne eine gültige Allegorie der derzeitigen geschichtlichen Situation, in der sich sein und auch unser Land befinde. Die beiden Riesenschlangen seien, so der Kustode, die Vergangenheit und die Zukunft. Wobei er mit der Vergangenheit den Sozialismus einschließlich der Staatssicherheit meine und mit der Zukunft den Kapitalismus einschließlich der Treuhandgesellschaft. Der Priester Laokoon aber und seine beiden Söhne verkörperten wenn nicht die Menschheit insgesamt, so doch die betrogene und erniedrigte Bevölkerung der sogenannten neuen Bundesländer, die sowohl dem Würgegriff einer nach wie vor mächtigen und mörderischen Vergangenheit wie auch dem einer erbarmungslosen und menschenfresserischen Zukunft ausgesetzt sei. Wir dankten dem Kustoden für seine Ausführungen und mit dem Hinweis, daß wir unseren Eindruck der beklemmenden Statue, welche Winckelmann ja eine vollkommene Regel der Kunst genannt hatte, noch einmal überdenken wollten, warfen einige Münzen in die bereitgestellte Sammelbüchse für den Erhalt des Museums und verabschiedeten uns eiliger, als es die Höflichkeit erlaubte, von Winckelmanns Geburtshaus und seinem Wächter. Draußen schöpften wir erst einmal, soweit es die Luft zuließ, Atem und setzten uns dann unweit der Pfarrkirche Sankt Marien in ein mittlerweile von westlichen Investoren geführtes sogenanntes Wiener Kaffeehaus, in dem zu unserer Überraschung ein aus drei älteren Herren bestehendes Streichertrio Wiener Salonmusik zum besten gab. Der rasche Wechsel der Kulturen, diese Mischung aus etruskischen Fresken, späthellenistischen Schmerzen, wienerischen Melodien und altmärkischer Abwicklung, der wir in wenigen Stunden ausgesetzt waren, ließ uns nicht lange in dem überheizten und verrauchten Kaffeehaus ausharren. Nachdem wir uns noch ein wenig unter Zuhilfenahme der im Museum erworbenen Winckelmannbroschüren mit dem Schicksal des Altertumsforschers vertraut gemacht und uns vor seinem blutigen Ende gegraust hatten, verließen wir das Kaffeehaus und machten uns auf den Weg zum Bahnhof. Es dämmerte bereits, die Luft war nun auch in der Altstadt merklich schlechter geworden, wir hatten Schluckbeschwerden und gerötete Augen, als wir den Wall, die kleine Brücke und den von uns so getauften Mühlbach erreichten, in dem noch immer der tote Kormoran schwamm. Die Enten waren verschwunden, die Bäume auf dem Wall schienen krummer und kahler als zuvor, und wären wir noch etwas verwirrter und erschöpfter gewesen, hätten wir in der leicht gebeugten und mit einem wehenden Umhang verhüllten Gestalt, die uns schon, seit wir das Kaffeehaus verlassen hatten, aus sicherem Abstand folgte, den Mörder Winckelmanns vermutet. Erst im Zug entdeckten wir, daß es nicht Arcangeli, der mörderische Erzengel, war, der uns durch die Dämmerung nachschlich, sondern eine alte Dame, die sich, ebenso wie wir, im Speisewagen niederließ, wo wir uns mit Kaffee, Aspirin und einer Rinderkraftbrühe von den Wirren der Zeiten erholten.

Poetisches Portugal

Nachdem das Flugzeug unter einem tiefhängenden Regenhimmel gelandet war, nahm ich das Gepäck in Empfang und begab mich in die Ankunftshalle, wo mich ein eleganter Mensch mit Spitzbart und sorgfältig geschnittenen Koteletten begrüßte, es mußte sich um den Sekretär des Grafen handeln. Der Sekretär nahm mir die Tasche ab und führte mich in ein Restaurant in der Nähe des Industriehafens. Ich aß Stockfisch, den mir der Sekretär empfohlen hatte, er selbst aß ein Rumpsteak, und ich bedauerte, daß ich es ihm nicht gleichgetan hatte. Ich aß mißvergnügt, suchte aber mein Mißvergnügen vor dem Sekretär zu verbergen, der über seinem Steak nicht müde wurde, die portugiesische Küche zu loben. Der Sekretär sprach ein eher provisorisches Englisch, welches ich mit meinem ebenfalls eher provisorischen Englisch parierte. Doch er tat dies mit portugiesischer Anmut und Würde. Er zahlte mit Kreditkarte, und ich war sein Gast. Der Sekretär hatte einen Aktenkoffer voller Unterlagen bei sich, darunter auch eine Akte für den Besitzer des Restaurants, die dieser nervös durchblätterte, um danach eine erregte Diskussion mit dem Sekretär zu beginnen. Der Sekretär sprach mit leiser Stimme, gelegentlich schüttelte er den Kopf, was den Restaurantbesitzer erst zu deprimieren und dann wütend zu machen schien. Der Sekretär ließ sich nicht beirren, er zeigte immer wieder auf bestimmte Positionen, der Restaurantbesitzer sagte Ja und Nein und Nein und Ja, soviel konnte ich verstehen. Dann entfernte sich der Restaurantbesitzer abrupt von unserem Tisch, die Unterlagen ließ er zurück, und der Sekretär ordnete sie und verstaute sie wieder in seinem Koffer. Wir verließen das Restaurant, die

Kellner verabschiedeten uns respektvoll, der Restaurantbesitzer war nicht mehr zu sehen, und der Sekretär sagte, als wir im Auto saßen, wir führen noch kurz zum Büro, bevor wir uns auf den Weg zum Schloß machten. Das Büro befand sich in einem Hochhaus im Zentrum von Porto. Der Sekretär fuhr in die vollgeparkte Tiefgarage des Hochhauses, wo er den Wagen vor dem Verschlag des Garagenwächters stehenließ. Der Garagenwächter nahm die Schlüssel in Empfang und begab sich wieder in seinen Verschlag, eine Holzhütte innerhalb der Tiefgarage mit einem Feldbett, einem Tisch und zwei Stühlen. Ein Kofferradio spielte, der Tisch war gedeckt, ich sah Brot, Wein und Käse. Wir hatten den Wärter bei seiner Mahlzeit gestört. Mir wurde ein wenig schwindlig, Benzinschwaden hingen schwer in dem Kellergewölbe, und ich war froh, als wir durch eine Eisentür den Aufzug betraten und in eins der oberen Stockwerke fuhren, wo der Sekretär sein Büro hatte. Dort berichtete er einer Sekretärin von dem Gespräch mit dem Restaurantbesitzer und übergab ihr die Unterlagen. Die Sekretärin verschwand mit den Unterlagen, und kurz darauf erschien ein äußerst ungehaltener Mensch, der dem Sekretär Vorhaltungen machte. Der ungehaltene Mensch, der einen dunklen Anzug und helle Socken trug, redete sich in Rage, wurde lauter und lauter, der Sekretär wand sich vor Verlegenheit, der ungehaltene Mensch bedachte den Sekretär mit einer letzten Beschimpfung und ging hinaus. Nachdem wir das Büro verlassen hatten, fuhren wir zu der Wohnung des Sekretärs, und während der Fahrt erfuhr ich, daß er nicht der Sekretär des Schloßherrn, sondern Schriftsteller und Angestellter einer Inkassofirma sei und daß er Pedro Tabares heiße und daß ich Pedro zu ihm sagen könne. Mit der Schriftstellerei verdiene er natürlich so gut wie nichts, mit der Inkassotätigkeit immerhin so viel, daß er davon seine

Miete zahlen und halbwegs leben könne. Natürlich sei die Inkassotätigkeit eine undankbare und manchmal sogar gefährliche Aufgabe, denn er habe es einerseits mit äußerst zahlungsunwilligen Schuldnern und andererseits mit einem äußerst ungeduldigen Chef zu tun, der es selbst wiederum mit äußerst ungeduldigen Auftraggebern zu tun habe. Und darum sei er froh, für ein paar Tage auf das Schloß fahren zu können. Zuvor müßten wir allerdings noch einen anderen Schriftsteller abholen, der nicht irgendwer, sondern einer der berühmtesten zeitgenössischen portugiesischen Dichter sei. Der berühmte portugiesische Dichter war ein alter, weißhaariger Herr, der während der mehrstündigen Autofahrt durch das gebirgige Land von der Zeit der Diktatur erzählte, was ich daran erkannte, daß in seinen Erzählungen immer wieder der Name Salazar auftauchte. Und immer, wenn der greise Dichter den Namen Salazar ausgesprochen hatte, brach er in ein hysterisches Gelächter aus, das von dem Gelächter des vermeintlichen Sekretärs unterstützt wurde. Die Diktatur muß, zumindest im nachhinein, eine komische Angelegenheit gewesen sein, denn das Gelächter hielt sich während der mehrstündigen Fahrt. Als wir das Schloß erreichten, war es später Abend, der verwitterte Barockbau lag im Dunkel, in den Zwingern heulten die Hunde. Ein Schloßdiener führte uns in den Salon und bemühte sich um den Kamin. Es war kalt im Salon des Schlosses, wir legten die Mäntel nicht ab, der greise Dichter hustete und sorgte sich um seine Gesundheit. Der Schloßdiener kündigte den Grafen an; ein zierlicher Mann in grauen Flanellhosen und einem blauen Blazer erschien, der uns zur Begrüßung Portwein anbot, sich selbst aber Whisky servieren ließ, worauf sich auch Pedro und der greise Dichter für den Whisky entschieden. Wir tranken und sahen dem Schloßdiener zu, der sich noch immer um den Kamin bemühte. Der Graf war ungehalten, er war, wie er erzählte, seit Wochen nicht mehr auf seinem Landschloß gewesen, er überließ die Pflege des Schlosses einem Verwalter, er selbst reiste zwischen Lissabon und der Algarve hin und her, wo er seinen Geschäften in der Bauwirtschaft nachging. Aber in Portugal werde zur Zeit nicht gebaut, sagte der Graf. In Portugal breche wohl vieles zusammen, gebaut aber werde nichts. Und das Schloß, sagte der Graf, sei ein Moloch, ein gefräßiges Tier, ein Leviathan, und wenn er es nicht in eine kulturelle Stiftung verwandelt hätte, dann hätte es ihn längst ruiniert. Er lächelte und bot uns einen letzten Drink an, den keiner von uns ablehnte. Dann wurden uns die Zimmer zugewiesen, und der Graf wünschte eine gute Nacht, wobei er hinzufügte, daß wir auf keinen Fall das Haus verlassen sollten, die Hunde seien im Garten. Um in mein Zimmer zu gelangen, ging ich einen langen Flur hinunter, durchquerte einen Saal von der Größe eines Tanzsaals, in dem zwei goldverzierte Sänften aufgestellt waren, dann folgte ein weiterer Gang, der mich durch die Schloßbibliothek führte, die im wesentlichen aus in Leder gebundenen Geschäftsbüchern und einer nachlässig verwahrten Sammlung der Revue des Deux Mondes bestand. Zahlreiche Hefte lagen lose in den Regalen, ich nahm eines mit auf das Zimmer und schlief über einem Artikel ein, der sich mit Kleiderfragen zur Eröffnung der Jagdsaison im Bois de Boulogne beschäftigte. »Kappe oder Hut?« war die Frage, und noch am nächsten Morgen bewegte sich diese in meinem Kopf hartnäckig hin und her. Das Frühstück wurde im Souterrain serviert, wo sich die gewölbeartige Küche samt angrenzendem Speiseraum befand. Mehrere Tische waren gedeckt, zwei Serviermädchen in blauen Kitteln harrten der Gäste, der greise Dichter hatte bereits Platz genommen, ich sagte Bom Dia, worauf er aber nicht reagierte, und setzte mich zu ihm. Eines der Serviermädchen servierte Kaffee aus einer dampfenden Glaskugel, die in einem eigens dafür konstruierten Tragegerät befestigt war und gefährlich pendelte. Bald erschien auch der vermeintliche Sekretär. Sobald der greise Dichter seiner ansichtig wurde, besserte sich seine Laune, und er begann aufs neue, Anekdoten zu erzählen. Beide aßen und amüsierten sich, ich verstand nur wenig und beobachtete die Serviermädchen, die in Demutshaltung und mit gesenktem Blick im Durchgang zur Küche standen und auf Anweisungen warteten. Als der greise Dichter wieder bei Salazar angekommen war und sich der erste hysterische Lachanfall ankündigte, erschien der Graf im Frühstücksraum. Er grüßte, setzte sich aber nicht zu uns, sondern frühstückte im Stehen. Die Mädchen brachten ihm Toast, Marmelade und Tee, während unser Frühstück aus Graubrot, Käse und Kaffee bestand. Der Graf rührte den Toast und die Marmelade nicht an, er trank Tee, rauchte und ging in dem Kellergewölbe auf und ab. Er schien über irgend etwas nachzudenken, wir wußten nicht, worüber er nachdachte, auch die beiden Mädchen, die wieder im Durchgang Stellung bezogen hatten, wußten nichts von den Gedanken des Grafen. Der Graf rauchte, der greise Dichter schwieg, der vermeintliche Sekretär lächelte, als lausche er selbst dem schweigenden Dichter Anekdoten ab, ich dachte an den Tee, den Toast und die Marmelade des Grafen, es war Orange-Crystal-Marmelade aus Essex, wie ich dem Etikett entnehmen konnte. Endlich sagte der Graf, während ihm eines der Mädchen einen Aschenbecher reichte, in den er den angerauchten Zigarillo fallen ließ, daß die deutsche Dichterin, auf die sie sich so sehr gefreut hätten, kurzfristig abgesagt habe, was sehr schade sei, aber schließlich sei unser poetischer Freund ja noch da, womit er mich meinte, und Herr Bastos habe trotzdem an seiner Zusage festgehalten und werde noch heute aus Lissabon eintreffen, so daß wir getrost mit der Arbeit beginnen könnten. Wir zogen in das als Arbeitsbibliothek ausgestattete Kaminzimmer im Erdgeschoß, wo der alte Diener sich um das Feuer bemüht hatte. Ich teilte meine fotokopierten Texte aus, und Pedro teilte die fotokopierten Gedichte des greisen Dichters aus. Es waren lange, wortreiche Gesänge, von denen ich bis auf wenige Wendungen nichts verstand. Der greise Dichter hätte von meinen Texten ganz gewiß ebensowenig verstanden, wenn er es versucht hätte. Doch er würdigte sie mit keinem Blick; statt dessen las er äußerst interessiert in den eigenen Werken und wies den vermeintlichen Sekretär auf irgendwelche Besonderheiten hin, die er anscheinend jetzt zum erstenmal entdeckte. Und je mehr er sich mit seinen Texten beschäftigte, desto mehr Besonderheiten entdeckte er darin und wurde nicht müde, dem vermeintlichen Sekretär die ausführlichsten Erläuterungen zukommen zu lassen, welche dieser mit interessierten Gegenfragen quittierte, was den greisen Dichter wiederum zu lebhaften Erklärungen veranlaßte. Glücklicherweise erschien eines der beiden Serviermädchen mit Kaffee. Ich nutzte die Unterbrechung und fragte Pedro, ob wir zuerst eine Interlinearversion meiner Texte herstellen sollten oder ob sie sich direkt an einer literarischen Übersetzung versuchen wollten. Der vermeintliche Sekretär gab meine Frage an den greisen Dichter weiter, der auf diese Frage ziemlich erregt reagierte und dem vermeintlichen Sekretär Vorhaltungen machte. Dieser erklärte mir, daß ein Mißverständnis vorliege, und zwar insofern, als der greise Dichter angenommen habe, daß seine Gedichte unter Zuhilfenahme eines deutschen Dichters ins Deutsche übersetzt würden, wogegen ich angenommen hatte, daß meine Gedichte unter Zuhilfenahme eines portugiesischen Dichters ins Portugiesische übersetzt werden sollten. Da ich kein Portugiesisch spreche, der greise Dichter kein Deutsch und Pedro nur ein provisorisches Englisch, einigten wir uns darauf, daß letzterer die Gedichte des Alten in sein provisorisches Englisch übersetzen und daß ich diese Gedichte wiederum aus dem provisorischen Englisch ins Deutsche übersetzen sollte. Ich würde dies allerdings nur dann tun, ließ ich den vermeintlichen Sekretär wissen, wenn auch meine Gedichte mit seiner Hilfe vom greisen Dichter ins Portugiesische übersetzt würden. Als Pedro dem greisen Dichter meinen Vorschlag erklärte, der ja in gewisser Weise auf ein Tauschgeschäft hinauslief, sah dieser mich erst überrascht und dann ziemlich feindselig an, um darauf den vermeintlichen Sekretär mit einem Schwall von portugiesischen Beschimpfungen zu überschütten, die weitgehend aus Zisch- und Reibelauten bestanden. Der greise Dichter sei äußerst erregt über meinen Vorschlag, sagte Pedro, wobei er nicht nur verärgert darüber sei, daß ich seine Gedichte nur übersetzen wolle, wenn er auch meine Gedichte übersetze. Er sei auch darüber verärgert, daß die berühmte deutsche Dichterin das Treffen abgesagt habe, denn er sei davon ausgegangen, daß seine Gedichte von der berühmten deutschen Dichterin übersetzt werden würden und nicht von mir, von dem er noch nie etwas gehört oder gelesen habe. Zur allgemeinen Beruhigung schlage er darum vor, daß wir, bevor wir uns an die Arbeit machen, erst einmal einen Text des portugiesischen Nationaldichters Camões übersetzen sollten. Das würde den Alten freuen, sagte Pedro mit einem Augenzwinkern, und den Grafen ebenfalls. Zwar müsse ein Deutscher, der sich an Camões versuche, zwangsläufig scheitern, doch sei ein Scheitern an Camões keine Schande, sondern eine Ehre und zudem eine noble Geste gegenüber der portugiesischen Literatur. Da mir an einer versöhnlichen Stimmung gelegen war, machte ich mich noch am selben Tag daran, einige von Pedro ins Englische übertragene Camõeszeilen ins Deutsche zu bringen. Die Zeilen stammten nicht aus den berühmten Lusiaden, sondern aus der, wie mir der vermeintliche Sekretär versicherte, nicht weniger berühmten Elegie des Camões und machten mir erhebliche Schwierigkeiten, was zum einen daran lag, daß mir die von Pedro angefertigte englische Version des Textes nur teilweise verständlich war, und zum anderen daran, daß sich die Zeilen im Original reimten und daß sie sich, wie mir der vermeintliche Sekretär versicherte, auch weiterhin reimen müßten. Nachdem ich mich für einige Zeit zurückgezogen hatte, präsentierte ich nach dem Mittagessen meine Übersetzung. Pedro bat mich, das Gedicht vorzulesen, denn man könne die Qualität einer Übersetzung auch aus dem bloßen Klang heraushören. Wir gingen in das Kaminzimmer, setzten uns an den runden Arbeitstisch, und ich las den übersetzten Text: »Zerrinnen lass' ich die gequälte Zeit / Und streue meine Sehnsucht ohne Ende / Am Meeresufer hin in Einsamkeit / Was immer hier mich necke und mich narre / Und wenn ich über Blumenwiesen geh' / So ist's, als käm' darüber eine Darre!« Sowohl der greise Dichter wie auch der vermeintliche Sekretär sahen mich freundlich an und nickten beifällig. Sie waren ganz offensichtlich mit dem Ergebnis meiner Bemühungen zufrieden. Daß ich das Wort »Dürre« durch das Wort »Darre« ersetzt hatte, bemerkten sie nicht, und ich habe es auch nur deshalb getan, weil es mir nicht gelungen war, das Wort »narre« durch eines zu ersetzen, welches sich auf »Dürre« reimt. Zwar plagte mich ein schlechtes Gewissen wegen dieser poetischen Manipulation, andererseits hatte ich auf diese Weise meinen Einstand gegeben, und wir konnten endlich mit der Arbeit beginnen. Ich schlug vor, daß wir mit den Übersetzungen der Texte des greisen Dichters beginnen sollten und erst danach mit den Übersetzungen meiner Texte, was der Alte zufrieden zur Kenntnis nahm. Dazu mußte Pedro allerdings erst die englische Interlinearversion eines der Gedichte herstellen, und ich hatte Zeit, in den Garten zu gehen. Bei dem Schloßgarten handelte es sich um eine weiträumige barocke Anlage, welche nicht im besten Zustand war. Die Kugelbäume und Quadrathecken wahrten nur noch mühsam ihre Form, in einem Brunnen mit einer Neptunskulptur stand fauliges grünes Wasser, auf dem verrottetes Laub schwamm. Während ich mir den Neptun näher betrachtete, der auf einem künstlichen Fels dahingestreckt lag und dessen lange steinerne Barthaare bis in das trübe Brunnenwasser reichten, trat der Graf zu mir. Er trug eine Lodenjacke, Gummistiefel und hielt ein Gewehr in der einen und einen brennenden Zigarillo in der anderen Hand. Der Graf fragte mich, wie es mit der Arbeit stehe, und ich berichtete ihm von unseren Bemühungen um Camões, worauf der Graf antwortete, daß er im Besitz der Druckplatten der Erstausgabe der Lusiaden des Camões sei und daß diese sich im Schloßmuseum befänden, welches allerdings zur Zeit nicht zugänglich sei. Wenn ich es wünschte, würde er mir aber die Druckplatten zeigen, außerdem habe er noch einen Brief des heiligen Ignatius von Loyola in seiner Sammlung, den er mir allerdings nicht zeigen könne, da dieser sich in einem versiegelten Medaillon befinde, welches nur ein einziges Mal geöffnet worden sei, um die Echtheit des Briefes zu bestätigen. Ich sagte dem Grafen, daß ich mir sehr gern die Druckplatten anschauen wolle, auch wenn ich die Lusiaden des Camões noch niemals gelesen hätte und mir auch niemand in Deutschland bekannt sei, der sie gelesen hat. Der einzige portugiesische Dichter, den man in Deutschland lese, sei Fernando Pessoa, worauf der Graf sagte, daß Pessoa ein Schüler von Camões sei, was mich wiederum irritierte, da ich geglaubt hatte, daß Camões ein Zeitgenosse Goethes gewesen war. Auf seine Weise, sagte der Graf, sei auch Goethe ein Schüler von Camões, so wie die ganze europäische Literatur eine andere geworden wäre, hätte es Camões nicht gegeben. Camões, sagte der Graf, habe die europäische Seele in Verse gefaßt, und hätte es Camões nicht gegeben, dann würde die europäische Seele formlos, also sprachlos, umherirren. Plötzlich riß er das Gewehr hoch, zielte auf einen Krähenschwarm, ließ das Gewehr aber wieder sinken, ohne auch nur den Abzug berührt zu haben. Als ich ihn fragte, ob er auch Vögel jage, sagte er, daß er überhaupt nicht mehr jage, obwohl er einmal ein passionierter Jäger gewesen sei. Doch seit dem Ende der Diktatur sei die Jagd zwar nicht verboten, wohl aber verpönt, außerdem müßte er eine Jagderlaubnis beantragen, aber weder er noch seine Vorfahren hätten jemals eine Jagderlaubnis beantragt. Lieber verzichte er auf das Jagen, als daß er eine Jagderlaubnis beantrage. Jagdhunde habe er auch keine mehr. Die Hunde, die er jetzt habe, seien zur Jagd nicht geeignet, denn sie würden die Beute nur unter äußerstem Zwang wieder hergeben. Dann führte er mich zu den Hundezwingern im unteren Teil des Gartens, wo sich auch die Wirtschaftsgebäude befanden. Ein Rudel wütender Dobermänner erwartete uns; die Tiere liefen erregt auf und ab und stürzten sich zuweilen gänzlich unmotiviert auf ihre Artgenossen, um dann ebenso schnell wieder von ihnen abzulassen. Den Hunden seien Fremde unerträglich, sagte der Graf, allerdings hätten sie auch schon einmal einen seiner Gärtner angefallen, so daß er sie nur noch nachts in den Garten lasse. Der Dobermann, sagte ich, sei deshalb so gefährlich, weil sein Schädel zu klein für sein Gehirn sei. Der kleine Schädel sei aber ein Ehrgeiz der Züchter, und je kleiner der Schädel im Laufe der Zeit geworden sei, um so mehr quetsche er das Gehirn des Hundes zusammen, so daß die Hunde als unberechenbar und leicht verrückt betrachtet werden müßten. Er kenne die These von den zu kleinen Schädeln und den gequetschten Gehirnen der Dobermänner, sagte der Graf, und seiner Meinung nach sei diese These von Leuten aufgestellt worden, die selbst unter gequetschten Hirnen in zu kleinen Schädeln litten, denn schon rein physiologisch sei es vollkommener Unsinn, sich vorzustellen, daß man einen Kopf wohl klein züchten könne, daß das darin befindliche Gehirn aber weiterhin groß bleibe. Ein Hirn sei biologisch immer so beschaffen, daß es in den Schädel passe, in dem es sich befinde. Die Unberechenbarkeit der Hunde, sagte der Graf, hänge ganz allein mit dem zusammen, was er ihren Instinktüberschuß nenne. Und vor allem wegen dieses Instinktüberschusses liebe er seine Hunde, auch wenn man sich vor ihnen in acht zu nehmen habe. Aber das müsse er mir, einem Deutschen, ja wohl nicht eigens erklären. Obwohl ich nicht sicher war, was der Graf genau hatte sagen wollen, schien es mir ratsam, das Thema nicht weiter zu vertiefen, zumal die Hunde immer nervöser wurden. Ich ging zurück in die Arbeitsbibliothek, wo inzwischen Herr Bastos aus Lissabon eingetroffen war. Herr Bastos war der portugiesische Übersetzer der deutschen Dichterin und machte einen vornehmen, wenn auch ein wenig kostümierten Eindruck. Er trug einen schwarzen, kragenlosen und mit Stickereien versehenen Anzug, dazu ein Seidenhemd und Stiefeletten. Eigentlich, sagte Herr Bastos, habe er die Gelegenheit wahrnehmen wollen, um einiges mit der deutschen Dichterin zu besprechen. Vielleicht aber könne auch ich ihm weiterhelfen, denn die besagte Dichterin habe in ihren letzten Büchern gewisse Spracheigentümlichkeiten entwickelt, mit denen er seine Schwierigkeiten habe, und er könne ja nicht jedesmal einen Brief schreiben oder telefonieren. Und noch ehe ich antworten konnte, legte der Übersetzer mir einen Zettel mit einer Liste von Worten und Wendungen vor, die er allesamt dem letzten Buch der deutschen Dichterin entnommen hatte. Eines davon war das in phonetischer Schreibweise notierte Wort »Jubiläumsakwawitt«, welches er, so der Übersetzer, im Wörterbuch nicht gefunden habe, weder unter Jubiläum noch unter Akwawitt. Ein anderes lautete »furzbequem«, auf das er sich keinen Reim machen konnte, ebensowenig wie auf den von ihm so genannten Terminus technicus »Psycho-Pannenberg«. Was es mit den ersten beiden Worten auf sich hatte, ließ sich relativ schnell klären, schwieriger war es mit letzterem, denn Herr Bastos kannte weder das niedersächsische Lüchow-Dannenberg, noch konnte er sich vorstellen, was besagter niedersächsischer Ort mit psychischen Problemen zu tun hatte. Ich erklärte ihm, daß vor der deutschen Einheit viele Westberliner in diesem Ort ihre Wochenenden verbracht hätten und daß es zumeist psychisch labile Westberliner gewesen seien, die sich diesen Ort als Wochenendort ausgesucht hätten, wo es dann des öfteren zu psychischen Ausfällen und sogenannten Pannen gekommen sei. Herr Bastos war mit meiner Erläuterung nicht sonderlich zufrieden, doch hatte der Sekretär inzwischen den Text des greisen Dichters ins Englische gebracht, und beide warteten wir ungeduldig darauf, mit der Arbeit fortfahren zu können, so daß es damit sein Bewenden hatte. Herr Bastos erklärte sich bereit, an unserer Übersetzungsarbeit mitzuwirken, wollte aber vorher wissen, was bereits erarbeitet worden sei. Pedro sagte, daß wir erst einmal einige Mißverständnisse zu klären hatten und insofern noch nicht zur

Arbeit gekommen seien. Allerdings hätten wir mit der Hilfe unseres deutschen Freundes, womit er mich meinte, eine Passage aus der Elegie des Camões übersetzt, und diese Übersetzung sei so gut ausgefallen, daß wir uns gewiß keine Sorgen über die weitere Arbeit zu machen bräuchten. Als Herr Bastos den Namen Camões hörte, richtete er sich einige Zentimeter in seinem Stuhl auf und beglückwünschte mich zu meiner Übersetzung, die er gern lesen wolle. Ich sagte, daß dazu immer noch Zeit sei, aber schon hatte der vermeintliche Sekretär mit einem wohlwollenden Augenzwinkern in meine Richtung den Text aus seinen Papieren gezogen und Herrn Bastos überreicht. Der Übersetzer las den Text, schaute für einen Moment auf und las ihn ein weiteres Mal. Dann fragte er mich ohne Umschweife, was das Wort »Darre« bedeute, worauf ich ihm notgedrungen antwortete, daß Darre ein Synonym für Dürre sei. Darre, sagte ich, sei Dürre. Daraufhin lehnte sich Herr Bastos in seinem Stuhl zurück, lächelte und schwieg. Je länger der Übersetzer lächelte und schwieg, um so unbehaglicher wurde mir zumute. Zumal mich auch der vermeintliche Sekretär nun mit eher skeptischem Blick musterte. Nachdem das Schweigen noch einige Zeit gedauert hatte, flüsterte der greise Dichter mit dem Übersetzer, worauf dieser meinen Text noch einmal zur Hand nahm und ihn Wort für Wort aus dem Deutschen ins Portugiesische zurückübersetzte. Als er seine Rückübersetzung beendet hatte, brach der greise Dichter in ein so lautes und bösartiges Gelächter aus, daß ich wortlos den Raum verließ, die Gänge des Schlosses hinunterging, den Saal mit den Sänften und die Schloßbibliothek durchquerte und beschloß, der portugiesischen Poesie wenn nicht für alle Zeiten, so doch vorerst den Rükken zu kehren.

Auf der Suche nach Venedig

Venedig soll man sich vom Meer aus nähern. Wir wollen es wie Goethe machen, der in Padua aus der Kutsche stieg, um von dort aus am 28. September 1786 »auf der Brenta, mit dem öffentlichen Schiffe, in gesitteter Gesellschaft« nach Venedig weiterzureisen. Als wir uns in der Touristeninformation nach den Schiffsverbindungen erkundigen, sagt uns die zuständige Dame, daß ihres Wissens noch niemand auf der Brenta nach Venedig gereist sei. Wir brauchten nur ein paar hundert Meter aus dem Bahnhof heraus und in Richtung Zentrum zu gehen, dort könnten wir mit eigenen Augen sehen, wie es mit dem Schiffsverkehr auf der Brenta bestellt sei. Wir machen uns auf den Weg und erreichen nach einigen hundert Metern eine Brücke, bei der es sich um die Brentabrücke handeln muß. Unter uns liegt der trübe Strom, schlammig und müde bewegt er sich vorwärts, über Sandbänke und Grasbüschel hinweg. Am Ufer des Flusses ist ein Holzschiff vertäut, das vielleicht einmal ein Passagierschiff gewesen ist, nun aber als Müllkippe dient und von zahlreichen halbverwilderten Katzen bewohnt wird. Ratlos und trostbedürftig suchen wir die nahe gelegene Scrovegni-Kapelle auf, die wegen ihrer Giotto-Fresken zu den bedeutendsten Kunstschätzen Italiens zählt. Am Ausgang der Kapelle kommen wir mit einem deutschen Kunsthistoriker ins Gespräch, der uns darüber aufklärt, daß Goethe nicht auf der Brenta nach Venedig gereist war, sondern auf dem sogenannten Naviglio del Brenta, dem Brentakanal. Zwar habe Goethe in seiner »Italienischen Reise« immer nur von der Brenta gesprochen, in Wahrheit habe er aber den Brentakanal gemeint. Diese Nachlässigkeit Goethes habe ungeahnte Folgen bis heute, denn wir seien nicht die ersten, die auf der Brenta nach Venedig reisen wollten und die nicht wüßten, daß man nur auf dem Brentakanal nach Venedig reisen kann. Hunderte, ja Tausende von deutschen Touristen, speziell aus dem akademischen Milieu, sagt der Kunsthistoriker, wollten Jahr für Jahr von Padua aus auf der Brenta nach Venedig reisen, und nur die wenigsten von ihnen würden irgendwann begreifen, daß man nur auf dem Brentakanal nach Venedig reisen könne. Auf der Brenta könne man allerdings nach Chioggia reisen, aber nach Chioggia wolle natürlich niemand, obwohl Chioggia so etwas wie ein kleines Venedig sei. Aber die meisten wüßten ja nicht einmal, wie man Chioggia ausspricht, er habe da schon die seltsamsten Lautgebilde gehört, und dies speziell bei Leuten aus dem akademischen Milieu, die sich ja in der Regel einiges auf ihre Italienischkenntnisse einbildeten.

Nachdem wir dem leicht erregbaren Mann noch einige Zeit Gelegenheit gegeben haben, sich über Italienreisende sowohl im allgemeinen als auch speziell aus dem akademischen Milieu auszulassen, belohnt er uns mit der Information, daß man von einem Ort namens Stra aus den Brentakanal befahren könne. Wir danken dem Mann, bleiben über Nacht in Padua und fahren am nächsten Morgen mit dem Bus nach Stra, wo wir ein Schiff besteigen, das uns nach Venedig bringen soll. Allerdings handelt es sich hierbei nicht um ein Linienschiff, sondern um einen Ausflugsdampfer, so daß wir gezwungen sind, uns mehrere der berühmten Brentavillen anzusehen, von denen sich die meisten dadurch auszeichnen, daß sie gar nicht an der Brenta liegen, sondern im Hinterland versteckt oder aber durch eine stark befahrene Straße vom Ufer des Kanals getrennt sind. Einzig die von Palladio erbaute Villa Malcontenta liegt direkt am Wasser, gehört aber trotz ihrer bedeutenden Settecento-Fresken nicht zum Besuchsprogramm des Ausflugsdampfers und läßt einige äußerst unzufriedene Touristen zurück. Wohl wird die Unzufriedenheit durch einige schöne, grüngeschwungene Passagen gemildert, die der Kanal seinen Besuchern gönnt, sonst aber führt die Fahrt durch eine eher zersiedelte und zuweilen auch ganz und gar trostlose Landschaft. Je näher wir Venedig kommen, um so düsterer wird das Bild: Lagerhallen und Schrottplätze säumen das Ufer, Kräne, Bagger und Baumaschinen, allesamt nicht mehr verwendungsfähig, stehen wie traurige Rieseninsekten auf dem Ufergelände, dazwischen kleine Gartengrundstücke, verwildert und verlassen, und am Ende, wo der Brentakanal breiter wird, seine Mündung erreicht und übergeht in das dunkle Gewässer der Lagune, sehen wir die Schlote, die Tanks und Fabrikgebäude der Industriestädte Marghera und Mestre. Nun schweigt auch die Reiseleiterin, die während der Kanalfahrt die meiste Zeit in ein Mikrophon gesprochen hatte. Wobei sich ihre Erklärungen auf die Worte »wunderschöne Fassade« und diverse Jahreszahlen beschränkten, dies allerdings in drei Sprachen. Erst als das Schiff eine Wendung macht und in den Giudeccakanal einbiegt, steigen die Kuppeln und Türme von Santa Maria della Salute, von San Giorgio Maggiore und der Kirche Redentore aus der Tiefe der Lagune vor uns auf, und irgendwann erblicken wir auch den Markusplatz und die wie auf Pfählen erbaute säulendurchbrochene Fassade des Dogenpalastes. Die Reiseleiterin hat ihre Mikrophondurchsagen wiederaufgenommen, die meisten der Passagiere sind an Deck gestürmt und fotografieren so lange, bis das Schiff erneut wendet und den Giudeccakanal wieder verläßt. Es legt nicht am Markusplatz an, und wir brauchen nicht, wie einst der Dichter Platen, zurückzuschrecken vor dem letzten, entscheidenden Schritt in die überirdisch strahlende Helle des berühmten Platzes. Das Schiff fährt statt dessen zum Großparkplatz auf dem sogenannten Tronchetto, wo ein Bus für alle diejenigen bereitsteht, die zurück nach Stra oder Padua wollen. Venedig soll man sich vom Meer aus nähern. Wir haben es versucht und nähern uns nun der Lagunenstadt vom Busparkplatz aus, von wo uns ein Dampfboot zum Bahnhof bringt. Wir sind müde. Wir sind traurig. Wir haben den Busparkplatz gesehen und stehen nun mit vielen anderen Touristen, die ebenfalls müde scheinen und traurig, auf den Stufen vor dem Bahnhof. Wir nehmen ein weiteres Dampfboot, wir haben schon Routine, das Dampfboot ist überfüllt. An der Accademia steigen wir aus und gehen in unsere Pension. Die Pension liegt an einem kleinen Kanal, der schon nach wenigen Metern in den Canal Grande einmündet. Gemüsetransporter und Ambulanzboote, Taxen und die Boote der Stadtverwaltung, alle kommen sie unseren kleinen Kanal herauf, um ebendort, wo wir Quartier genommen haben, auf die Hupe zu drücken, Sirenen und Hörner erklingen zu lassen, und dann einzubiegen in die Prachtstraße des Canal Grande. Venedig kann nicht nur sehr kalt, es kann auch sehr laut sein. In der Pension wird gebaut. Die Pension wird instand gesetzt. Es sind fleißige Maurer, die die Pension instand setzen. Sie arbeiten am Morgen, sie arbeiten am Abend, und sie arbeiten auch in der Mittagszeit. In ganz Venedig, hören wir später, werde repariert oder instand gesetzt. Endlich geschieht etwas, sagen die venezianischen Freunde und laden uns auf den Lido ein, wo wir ein Umkleidehäuschen benutzen und uns wie die berühmten Reisenden der Jahrhundertwende fühlen dürfen. Doch anders als diese begnügen wir uns nicht mit dem Blick auf das Meer und dem Weg zwischen Strand und Hotel. Wir mieten ein Fahrrad und fahren den Lido hinunter und begreifen erst jetzt, daß der Lido kein Strand, sondern ein Stadtteil ist, auf dem sogar Autos verkehren. Lastwagen und Busse drücken uns an den Rand der großen Straße, die nach Malamocco und weiter bis Pellestrina führt. In Pellestrina erwartet uns ein Fischrestaurant, es wird von Freunden unserer venezianischen Freunde betrieben. Der Fisch bleibt ungegessen, denn die Venezianer sind schlechte Autofahrer, so daß wir um unser Leben fürchten und uns in die Seitenwege schlagen, auf der Flucht vor dem Verkehr. Wir erreichen das Meer, das von einem Damm aus Beton gesäumt ist, breit genug, um darauf Fahrrad zu fahren. Wir radeln auf dem Damm zurück, vorbei an Maisfeldern, Gärten und den gegen das Meer gerichteten Bunkern: tief in den Boden eingelassene Abwehrstellungen, mit schmalen Seh- und Geschützöffnungen versehen und mit schweren Eisentüren noch immer gesichert. Der Feind ist nicht zu sehen, das Meer liegt still und friedlich zu unseren Füßen. Wir verlassen die Betonmauer, wischen uns den Schweiß aus dem Gesicht, stellen die Räder ab und gehen ins Hôtel des Bains. Der Portier empfängt uns höflich, das Hotel ist leer. Wir sind, so scheint es, die einzigen Gäste, setzen uns in die riesige, holzgetäfelte Halle und trinken Tee. Der Tee wird in Beuteln serviert, doch wir beklagen uns nicht. Wir sehen Gustav Aschenbach, wir sehen den Knaben Tadzio und die schöne Silvana Mangano. Wir hören Motorengeräusch und Stimmengewirr. Ein Bus hält vor dem Portal des Hotels. Eine Reisegruppe stürmt in die Halle. Das Hôtel des Bains ist gerettet.

Ein Gewitter entlädt sich über der Lagune, während wir den Lido verlassen, und das Dampfboot kämpft sich durch Sturm und Wellen und Gischt. Nach dem Gewitter ist die

Luft mild und klar, das Wasser der Lagune liegt nun wie eine dunkelblaue Samtdecke unter einem vom Abendrot schon leicht entflammten Himmel. Die Gassen und Plätze sind menschenleer, ein wichtiges Fußballspiel hält die Venezianer in den Häusern fest. Wir sind fast die einzigen Passanten, es ist still in den Gassen, nur gelegentlich hören wir aus den dunklen Fenstern ein kollektives Stöhnen, einen gemeinschaftlichen Aufschrei, und ein einziges Mal ein donnerndes Triumphgebrüll. Wir gehen zum Campo Santa Margherita, vorbei am Rio di San Barnaba, vorbei an einer alten Gondelwerft und am Gemüseboot. Der Gemüsehändler hat Gurken und Bohnen, Tomaten und Spinat mit einer Plane bedeckt und sich mit einem tragbaren Fernseher in die Kajüte zurückgezogen. Der Campo Santa Margherita ist ebenfalls leer. Ein paar Hunde streunen herum, es sind wohlerzogene Hunde, die wie alle Hunde Venedigs nicht mit einem ordinären Halsband versehen sind, sondern denen eine Art Zaumzeug umgelegt wird. Wie kleine Rösser gehen Venedigs Hunde umher, stolz, aber nicht glücklich, denn sie führen ein Leben ohne Bäume und müssen ihre Notdurft an Säulen, Brunnen und Denkmälern verrichten. Wir schlagen den Weg zur Frarikirche ein, ein einsamer Spaziergänger kommt uns entgegen. Er sitzt nicht vor dem Fernseher, führt auch keinen Hund aus, er geht allein und in Gedanken durch Venedig. Wir erkennen ihn, wir haben sein Bild in der Zeitung gesehen, es ist der Bürgermeister. Der Bürgermeister ist ein Philosoph, er geht langsam und ohne aufzuschauen, er denkt nach, vielleicht über Venedig, er ist, das wissen wir, ein komplizierter Denker. Die Venezianer verstehen ihn nicht, er ist ein Denker des Fragments, des Unausgesprochenen, er ist ein Philosoph der Stille und des Verschweigens. Seine Stirn ist in Falten gelegt, und wieder ertönt wildes Triumphgeschrei aus allen Fenstern, das jedoch sofort verstummt und verhallt in einem unheilvoll bitteren Schweigen. Abseits, denken wir, die Italiener sind in die Abseitsfalle gelaufen, und Abseits, denkt auch der Bürgermeister, Venedig sitzt in der Abseitsfalle.

Es wird Nacht in Venedig, die Menschen sind auf die Gassen zurückgekehrt, sie sind heiter, vielleicht hat ihre Mannschaft gewonnen, falls sie verloren hat, sind sie grundlos heiter, was von ihrer Lebenskunst zeugt. Wir schwimmen im Strom einer heiteren Menge, der Bürgermeister ist nach Hause gegangen, wir gehen über das glänzende Pflaster des Campo San Tomà, plötzlich erschreckt uns ein Quietschen, und vor uns schlägt eine Ratte auf den Steinen auf, die sich noch einige Male um sich selbst dreht und dann ihr helles Bauchfell zum Himmel streckt. Wir beschleunigen unsere Schritte, die Ratte hat uns erschreckt, es wird Nacht, und nun erscheint uns Venedig gefährlich. Auf der Rialtobrücke herrscht noch der übliche Massenbetrieb, doch das Dampfboot, das uns über den Canal Grande zurück zur Pension bringt, hat nur noch wenige Passagiere. Wieder geht es vorbei an den großen Palästen, die jetzt schwarz sind, unheimlich und voller Geheimnisse. Nur selten sehen wir Licht, gelegentlich einen flackernden Kerzenschein, manchmal weht ein fadenscheiniger Seidenvorhang aus einem der Fenster heraus. Eine Gondel kommt uns entgegen, Schaukelstühle für Idioten hat der Futurist Marinetti die Gondeln genannt. Die Gondel ist beleuchtet. Ein einzelner Mann sitzt in dem schwarzen Kahn, er wird von einem Sänger begleitet, der hinter ihm steht, ein Mikrophon in der Hand hält und über eine mitgeführte Verstärkeranlage ein Lied singt, das klingt wie »Santa Lucia«. Der Mann in der Gondel schaut gelangweilt auf das Wasser, er scheint den Sänger nicht zu hören, obwohl die elektrisch verstärkte Stimme weit über die Wellen hallt. Vielleicht handelt es sich um einen Lotteriegewinn oder um eine Probefahrt für ein Reisebüro. Die Gondel verschwindet, wir sind allein auf dem großen Kanal und träumen davon, einen Schlüssel zu besitzen für die Paläste und heimlich in ihnen umherzugehen. Wir würden mit der Gondel durch eiserne Portale in verborgene Höfe fahren, wir würden vor verschwundenen Gemälden stehen, wir würden auf Gespensterbällen tanzen. Nein, sagen unsere venezianischen Freunde, ihr würdet modernisierte Eigentumswohnungen zu Gesicht bekommen, Architekturbüros würdet ihr sehen, Immobilienmaklern begegnen und gelegentlich einem amerikanischen Geschäftsmann, der aus Sentimentalitätsgründen oder Vergeßlichkeit seine in den sechziger Jahren erworbene Palastetage noch nicht wieder verkauft hat. Nein, sagen wir, das wollen wir nicht. Wir nehmen den wunderbaren Schlüssel und werfen ihn ins Wasser. Die Paläste bleiben verschlossen, Venedig gibt sein Geheimnis nicht preis, es liegt am Grunde des großen Kanals. Wir gehen zurück zur Pension und fallen, von Hupen, Hörnern und Sirenen begleitet, in den traumschweren venezianischen Schlaf.

Inhalt

Die Bücher von Hans-Ulrich Treichel
im Suhrkamp Verlag:

Liebe Not. Gedichte
edition suhrkamp 1373. 1986

Seit Tagen kein Wunder. Gedichte
edition suhrkamp 1610. 1990

Von Leib und Seele. Berichte. 1992

Der einzige Gast. Gedichte
edition suhrkamp 1904. 1994

Heimatkunde
oder Alles ist heiter und edel
Besichtigungen. 1996